Kritik postdigital

Digital Cultures Series

Herausgegeben von Andreas Bernard, Armin Beverungen,
Irina Kaldrack, Martina Leeker und Sascha Simons

Eine Buchserie des *Centre for Digital Cultures*

Kritik postdigital

herausgegeben von

Laura Hille und Daniela Wentz

μ meson press

Bibliographische Information der Deutschen Nationalbibliothek
Die Deutsche Nationalbibliothek verzeichnet diese Veröffentlichung
in der Deutschen Nationalbibliographie; detaillierte bibliographische
Informationen sind im Internet unter dnb.d-nb.de abrufbar.

Veröffentlicht 2023 von meson press, Lüneburg
www.meson.press

Designkonzept: Torsten Köchlin, Silke Krieg
Umschlaggrafik: © Lily Wittenburg
Lektorat: Anna Kalinina
Redaktionelle Assistenz: Inga Luchs

Die Printausgabe dieses Buchs wird gedruckt von Lightning Source,
Milton Keynes, Vereinigtes Königreich.

ISBN (Print):   978-3-95796-038-2
ISBN (PDF):   978-3-95796-039-9
DOI: 10.14619/0382

Die digitale Ausgabe dieses Buchs kann unter
www.meson.press kostenlos heruntergeladen werden.

Inhalt

Digitale Kulturen und Kritik nach ihrem Ende

Laura Hille und Daniela Wentz[1]

Die Geschichte dieses Bandes hat ihren Ursprung in einem Text.
Im Jahr 2016 wurde auf verschiedenen Blogs und in Online-Zeit-
schriften, die sich mit digitaler Kultur befassen, der Artikel *The
Silicon Ideology* von Josephine Armistead geteilt. In Anlehnung
an den mittlerweile klassisch zu nennenden Text *The Californian
Ideology* von Richard Barbrook und Andy Cameron ([1995] 1996),
in dem die Autoren ein Bild der kalifornischen Tech-Industrie und
ihrer neoliberalen und gegenkulturellen Geschichte zeichneten,
fordert Armistead in ihrem Aufsatz eine Aktualisierung dieser kulturellen Analyse. Besonders wichtig und alarmierend erscheinen
Armistead die zeitgenössischen politischen Verbindungen
besagter Tech-Industrie zur neuen Rechten bzw. Alt-Right und
einem faschistischen Neoreaktionismus. Ihrer Argumentation
folgend kann die „Silicon Ideology" aus unterschiedlichen
Gründen so verstanden werden, dass sie faschistische, neoreaktionäre, technodeterministische, Alt-Right-Politiken und
-Praktiken fördert. Es ist nicht verwunderlich, dass Armistead
ein Pseudonym ist und die Identität der Autor:in bis heute
nicht bekannt wurde. Trolling, Doxxing und andere Formen der
digitalen Belästigung sind Teil der Realität, mit der Forscher:innen
und Journalist: innen konfrontiert sind, wenn sie sich kritisch
etwa mit der Alt-Right oder bestimmten Gruppen von 4chan
auseinandersetzen. Im Zuge der Trump-Wahl, des Aufschwungs
der Alt-Right und der Verbreitung von Medien wie *Breitbart News*
und *Infowars* schien es uns deshalb notwendig, diesen dunklen
Teil unserer zeitgenössischen digitalen Kultur aus einer medien-
theoretischen Perspektive aufzuarbeiten und sich mit diesem
spezifischen historischen und ideologischen Erbe zu befassen,
das nicht nur in missbräuchlichen Memes wie „Pepe the Frog"
oder der misogynen sogenannten „Gamer-Gate"-Kontroverse von

---

1   Wir danken Anna Kalinina für ihre herausragende Unterstützung.

2014 zu finden war und ist. Aus der gemeinsamen Auseinandersetzung mit diesem konkreten Text entwickelte sich die eine Ebene tiefer liegende, vordergründig vielleicht simpel anmutende Frage nach den Bedingungen und Möglichkeiten der Kritik am und angesichts des Digitalen und seiner Kulturen. Wie lässt sich die so sichtbar vor Augen stehende drängende Notwendigkeit politischer Haltung und kritischer Praxis, wie Armistead, und natürlich bei Weitem nicht nur sie, fordern und vorgeben, mit einem medienwissenschaftlichen Einsatz verbinden, der die Eigengesetzlichkeiten des Medialen – hier Digitalen – und seine epistemologischen und praxeologischen Konsequenzen ernst nimmt? Denn man kommt nicht umhin sich der Tatsache zu stellen, dass wir in der Gegenwart nicht nur mit einem digitalen Apriori der Kritik konfrontiert sind, sondern zugleich mit einem Universalitätsanspruchs des Digitalen und seiner realpolitischen Affirmation, die mit einer regelrechten Abwehr der kritischen Reflexion seiner scheinbaren Axiome einhergeht, und zwar weit jenseits jener unerfreulichen Biotope des Hasses. Die Unausweichlichkeit des Digitalen erschwert die Kritik an Einfluss und Macht der Techgiganten des Silicon Valleys, ihre Zusammenarbeit mit Polizei- und nachrichtendienstlichen Behörden, ihrer dubiosen Verantwortung im Erstarken der Neuen Rechten, ihrem Einfluss auf Wahlen – wie es der Cambridge Analytica Skandal (vgl. Wylie 2019) anschaulich zeigte –, auf politische Spaltung und breitflächige gesundheitliche Probleme nicht nur bei Jugendlichen.

Mehr noch: So werden es konsequenterweise seit Jahren die Proponent:innen und Stichwortgeber:innen der Technologieunternehmen, zum Beispiel der Gründer der Dating-Plattform OkCupid Christian Rudder, Ex-Google Data Scientist Seth Stephens-Davidowitz oder der ehemalige Chefredakteur des *WIRED*-Magazins Chris Anderson nicht müde, die Obsoleszenz von theoretischer, letztlich kritischer Reflexion zu verkünden (Stephens-Davidowitz 2018; Rudder 2014; Anderson 2008). Angesichts der unbestreitbaren allumfassenden Einsicht der

Techgiganten und Plattformen in unsere Begehrensstrukturen, Geisteshaltungen, Gesundheitszustände und Verhaltensweisen, sowie unverhohlenen Operationen ihrer Beeinflussung und Modifikation mag dies eine arrogante, aber letztlich realistische Sicht auf ein Wissens- und Handlungsgefälle sein, mit dem wir zwangsweise konfrontiert sind. Vor dem Hintergrund überwachungskapitalistischer Ausspähung und Ausbeutung unserer innersten Regungen (Zuboff 2019), automatisierter Analysen und Entscheidungsfindungsprozessen drängt sich durchaus die defätistische Frage auf, ob wir nicht anders können als die Kritik auf dem Altar des Techniksolutionismus zu opfern.

Tatsächlich hat es auch den Geistes- und Sozialwissenschaften an Abgesängen und Untergangsszenarien bekanntlich noch nie gemangelt: Nach dem Ende, respektive des Todes, der Vernunft (Horkheimer [1947] 2007), der Philosophie (Heidegger [1964] 2007), des Autors (Barthes [1965] 2005), des Subjekts (Foucault [1974] 2017), der Geschichte (Fukuyama [1992] 2020), des Sozialen (Rose 1996), der Theorie (Anderson 2008), des Kapitalismus (Fisher 2009), der Geschichte und des Kapitalismus (Žižek 2015), nun also auch das Ende der Kritik (Thiele 2015)? Dass gerade der Kritikbegriff in der jüngeren Vergangenheit vielerorts in Verruf geraten ist und auch theoretisch das Ende der Kritik (Barad 2012; Massumi 2010; Thiele 2015; Rouvroy 2013), oder doch jedenfalls ihr „Elend" (Latour 2007) an die Wand gemalt wird, könnte durchaus als ein Symptom der narzisstischen Kränkung gelesen werden, die die intelligenten Systeme der digitalen Gegenwart verursachen.

Dennoch: Dass die Frage nach Kritik auch in der postdigitalen Gegenwart noch persistiert und irritiert, zeigt sich nicht zuletzt auch anhand einer Reihe von Publikationen, die sich in der jüngsten Vergangenheit mit der Kritik in und an Digitalen Kulturen auseinandersetzen. Auch Janosik Herder, Felix Maschewski und Anna-Verena Nosthoff wählen für das Editorial ihrer Zeitschriftenausgabe von *Behemoth: A Journal on Civilisation* (2021) zum Thema *Futures of Critique in the Digital Age* die

 Anderson-These als Auftakt. Gegen sein Verkünden eines
Endes der Theorie bringen sie die Aktualität der Tiqqun'schen
„kybernetischen Hypothese" (2007) in Stellung und markieren
den kybernetischen Traum, „man könne die Welt einfach durch
eine umfassende Rekonstruktion und Analyse von Verhaltens-
daten verstehen" (Herder, Maschewski und Nosthoff 2021, 1), als
warnenden Indikator für unsere digitale Gegenwart. Möglich-
keitsbedingungen und Potentiale der Kritik werden so auch hier
problematisiert. Auch Alexander R. Galloway lässt es sich nicht
nehmen, seine Rezension (2022) zu Wendy Hui Kyong Chuns
*Discriminating Data. Correlation, Neighborhoods, and the New
Politics of Recognition* (2021) damit einzuleiten, dass er, als er 2008
Andersons These vom Ende der Theorie las, „kichern" musste.
Andererseits vergeht einem das Kichern schnell, wenn man
sich die Wirkmächtigkeit der Andersonschen These vergegen-
wärtigt. Immerhin ist Andersons Diktum „correlation supersedes
causation … correlation is enough" auch der Dreh- und Angel-
punkt von Chuns Kritik an den Operationen der Datenanalyse.
In ihrer beeindruckenden, technisch versierten Epistemologie
der Korrelation zeigt Chun, wie grundlegend Andersons These in
unsere Technologien eingebaut ist – direkt in den Code. Eindrücklich haben in den letzten Jahren mehr oder weniger geglückte
Technologien der „Big Five" gezeigt, wie anfällig für das Humane
der als rational und neutral verstandene Code in der Realität
ist, wenn Menschen mit ihm agieren. Als im März 2016 Microsoft
seinen AI Chatbot *Tay* auf Twitter veröffentlichte, musste dieser
nach gerade einmal sechzehn Stunden wieder abgestellt werden.
Innerhalb weniger Stunden hatte die AI einiges von ihren Testsets
– anderen Twitteraccounts – gelernt: Vor allem Antisemitismus,
Holocaustverleugnung, Rassismus und Frauenhass. Der koor-
dinierte Angriff der Trolls auf den Chatbot illustriert dabei zwei
Dinge: Erstens das Eingebettetsein einer angeblich neutralen
Technologie in eine politische Welt und zweitens einen dem
Code inhärenten Rassismus. Wie Ruha Benjamin eindrücklich
beschreibt, kann man heute gar von einem „New Jim Code"
sprechen, d.h. „the employment of new technologies that reflect

and reproduce existing inequities but that are promoted and per-
ceived as more objective or progressive than the discriminatory
systems of a previous era" (2019, 6). Benjamin zeigt in ihrer
Analyse unter Anderem, wie beispielsweise Gesichtserkennungs-
Software nicht in der Lage ist, Schwarze Gesichter zu erkennen
und so in Entstehung und Umsetzung entlang klassischer rassistischer Linien operiert.

Was Chun, Armistead, Benjamin und andere gegenüber
Anderson, so weh seine Proklamation auch tun mag, deutlich
machen: Wichtiger als solche großspurigen apokalyptischen
Erzählungen ist einerseits die genaue und detaillierte
Betrachtung der ökonomisch-politischen Entstehungskontexte,
etwa die Auseinandersetzung mit dem sogenannten militärisch-
industriellen Komplex oder den Überwachungstechnologien des
Alltags, ohne dabei andererseits die epistemologischen Herausforderungen zu vergessen, vor die das kritische Denken in und
mit Digitalen Kulturen gestellt ist. In *Critique and the Digital* (2020,
16) machen Erich Hörl, Nelly Y. Pinkrah und Lotte Warnsholdt sehr
deutlich, welche Umstürze die allumfassende Computerisierung
der Welt auf alle Aspekte der Kritik verursacht. Ort, Bedeutung,
Modalitäten und nicht zuletzt das Subjekt der Kritik verändern
sich radikal und verlangen nach einer Neubeschreibung. Aus
der Perspektive unseres Interesses scheinen uns vier eng miteinander verwobene Problemhorizonte in diesem Zusammenhang von besonders akuter Relevanz zu sein:

Erstens steht die Position auf dem Spiel, von der aus Kritik
möglich wird, oder vielmehr die Möglichkeit von Kritik zuallererst
vorstellbar. Wenn Kritik in unserer Gegenwart notwendigerweise
unter den Bedingungen des Digitalen operieren muss, ist kein
archimedischer Punkt, von dem aus Kritik am Digitalen geübt
werden kann, mehr möglich. Kritik an digitalen Medien oder
digitalen Kulturen ist immer zugleich schon Kritik in digitalen
Medien oder Kulturen, also eingebettet in und bedingt durch
das, was zu kritisieren ist. Wie verhält sich dieses digitale Eingebettetsein von Kritik zweitens zur immer wieder gestellten

Forderung nach immanenter Kritik? Diese Fragen greifen drei Beiträge des Bandes aus unterschiedlichen Perspektiven auf. Gerade die Bedingungen für kritisches Urteilen, so Liza Mattutat, Heiko Stubenrauch und Lotte Warnsholdt in ihrem Aufsatz, erhält unter digitalen Bedingungen neue und andere Relevanz. Die vielbeschworene Krise des Kritikbegriffes und das Ende subjektiver Kritikfähigkeit erfordert eine Neuformulierung. In einer eingehenden Auseinandersetzung mit Antoinette Rouvroys Text *Algorithmic Governmentality* wird dieses neue Verhältnis deutlich. Gegen die These einer Ubiquität der Algorithmen bringen die Autor:innen Hanna Arendts Konzept des negativ-reflektierenden Urteilens als eine spezifische und normative Form der Kritik wieder in Stellung. Während Rouvroy im Recht einen subjektlosen und letzten Hort der Kritikfähigkeit sieht, hilft den Autor:innen das Recht gerade als heuristisches Modell, um so zu präzisieren, was kritisches Urteilen ist und unter welchen Bedingungen es steht.

Auch der Beitrag von Sascha Simons kritisiert Rouvroys Thesen zur algorithmischen Gouvernementalität. Rouvroy, welche das Recht, verstanden als Institution, im Verbund mit weiteren Institutionen als Außen und mögliche Quelle der Kritik der algorithmischen Regierung behaupte, verhindere genau deshalb die Möglichkeit immanenter Kritik und verstelle zudem auf diese Weise den Blick auf die Institutionen selbst als Ziele kritischer Betrachtung und Intervention. Dagegen bringt Simons hier Luc Boltanskis sozialtheoretisches Projekt einer Meta-Kritik ins Spiel und plädiert mit ihm im Sinn dieses Bandes für eine medientheoretisch informierte Aneignung sozialwissenschaftlicher Kritik, die immer auch in Auseinandersetzung mit den Institutionen und Verkörperungen, insbesondere denjenigen der algorithmischen Gouvernementalität selbst erfolgt.

Welche Potentiale und neue Formen von Kritik werden vor diesen Vorzeichen drittens damit vorstellbar bzw. realisierbar? Denn der Verlust des archimedischen Punktes der Kritik bedeutet ja gleichermaßen nichts weniger als die Prekarisierung ihres

Subjekts und ihrer „traditionellen" Verfahren bzw. Operationen. Wie neue Formen der Kritik, die sowohl ihren veränderten Bedingungen Rechnung tragen und zugleich Geltung erlangen, aussehen könnten beziehungsweise müssten, eruieren die Beiträge von Timon Beyes und Martina Leeker. Anhand von drei Beispielen aus Literatur, Kunst und Performance-Theater stellt der Beitrag von Timon Beyes die Frage in den Mittelpunkt, welche Reflexions- und Darstellungsweisen einer, wie der Autor es nennt, „Medienorganisationskritik" zur Verfügung stehen, die sich selbst als medial bedingt bzw. unter digitalen Bedingungen stehend begreift. Der Intransparenz der Operationsweisen digitaler Medien und ihren technischen Black Boxes lässt sich, so Beyes' These, begegnen durch eine Kritik ihrer Organisationweisen. Medienorganisationskritik zielt dabei in einer zweifachen Stoß-richtung einerseits auf das organisatorische Potential von Medien als technische Bedingungen der Organisation von Zeit, Raum und Macht und andererseits auf die Organisiertheit digitaler Medien selbst, das heißt ihrerseits als die Ergebnisse von Organisations-prozessen. Die drei analysierten Beispiele tragen auf ihre je eigene Weise und mit ihren jeweiligen medialen Möglichkeiten zur Sichtbarmachung und Erfahrbarkeit von medientech-nischen Organisationsprozessen und damit zu einer „Poetik des Organisierens" bei.

Digitale Kulturen sind, so Martina Leekers Ausgangsthese in diesem Band, immer schon Kulturen der Kritik. Kritik ist unhin-tergehbarer Bestandteil digitalen Kulturen und in ihnen auf Dauer gestellt. Sie verwirklicht sich in unterschiedlichen Formen, als „Kritik als Exzess" in Form von *Hate Speech* oder in Form von posthumaner Datenkritik, die unablässig „techno-humane Ko-Operativität" in Form etwa von Urteilen und Bewertungen einfordert. Moderne Kritik, verstanden als kritisch-reflexiver Blick auf digitale Kulturen und ihre Funktionsweisen, ist in dieser Argumentation nicht nur keine Option mehr, sondern gänzlich unmöglich geworden. Martina Leeker fordert deshalb nichts weniger als eine Entsagung von Kritik. An ihre Stelle müssen andere Methoden und Begriffe treten, etwa Praktiken des Performens, Queerens und Spekulierens. Letztere, so ihr Argument, können als revolutionäre Akte der Neuverhandlungen von Innen- und Außengrenzen der Kritik zuträglich sein, da sie sich der Vereinnahmung entziehen können. Ihr eigener Beitrag kann ganz in diesem Sinne gelesen werden: Performatives Schreiben als widerständige Praxis.

Viertens sehen wir darüber hinaus die enge Verzahnung des so dominant unsere politische Gegenwart bestimmenden Rechtspopulismus mit den medialen Logiken von Social Media. Gerade die neue Rechte bedient sich schon lange überaus erfolgreich des Internets und seiner Plattformen als Propaganda- und Vernetzungsinstrument.

Die Autorin und Journalistin Carolin Wiedemann schreibt konsequent dagegen an. In einem Gespräch mit ihr widmen wir uns diesem Problemhorizont. „Fake News", „Alternative Facts", „Filter Bubbles", Praktiken des Trolling und der *Hate Speech,* die sich gerne als Free Speech versteht, im Netz sind seit längerem die bestimmenden Schlagwörter dieser Debatte. Umgekehrt erklärt das Feuilleton Identitätspolitiken, *Wokeness* und Queerfeminismus schnell zu Begriffen eines angeblichen Kulturkampfes. Wiedemann zeigt hingegen, wie Rechte Ideologien, Politiken und Praktiken nicht unbedingt im Internet geboren werden. Gerade eine Analyse der Zusammenhänge der Neuen Rechten mit anti-feministischen Bestrebungen macht besonders deutlich, wie wenig neu einige Gegenwartsdiagnosen sind. Eine kritische Betrachtung rechter Ideologien kann so auch Brüche aufzeigen und jenseits aller dystopischen Phänomene erscheint das Internet doch auch immer wieder als Ermöglichungsraum widerständiger Praktiken.

Laura Hille plädiert in ihrem Essay zum „Dunklen Transhumanismus" für eine kultur- und medienwissenschaftliche Auseinandersetzung mit einem technikdeterministischen Denken unserer Gegenwart. Dieses wird besonders deutlich in den

Politiken der sogenannten Silicon Valley Ideologie und ihrem techno-utopischen Libertarismus. Aus der Tech-Industrie der Bay Area heraus verweist eine transhumanistische Vision der Zukunft immer auch auf ihre neoreaktionäre, faschistische, rassistische und misogyne Dimension, die herausgearbeitet werden kann und muss. Gerade in Sozialen Medien, Blogs, Youtube-Videos, Imageboards und Kommentarspalten ist diese zunehmend virulent und wirkmächtig. Hilles Essay endet so in einem Aufruf, sich dieser dunklen Seite des Internets anzunehmen und ihr mit klarer Kritik entgegenzutreten. Eine Kritik an Digitalen Kulturen ist so auch immer eine Kritik am reaktionären Denken der Gegenwart.

Literatur

Anderson, Chris. 2008. „The End of Theory: The Data Deluge Makes the Scientific Method Obsolete". *Wired*. Zugegriffen am 18. Februar 2022. https://www.wired.com/2008/06/pb-theory/.

Armistead, Josephine. 2016. „The Silicon Ideology". Zugegriffen am 18. Februar 2022. https://s3.amazonaws.com/arena-attachments/653905/5bf8624d8e10d28c12fad9647272ccb4.pdf.

Barad, Karen. 2012. „Matter Feels, Converses, Suffers, Desires, Yearns and Remembers: Interview with Karen Barad". In *New Materialism: Interviews and Cartographies*, herausgegeben von Rick Dolphijn und Iris van der Tuin, 48–71. London: Open Humanities Press.

Barbrook, Richard und Andy Cameron. (1995) 1996. „The Californian Ideology". *Science as Culture* 6 (1): 44–72.

Barthes, Roland. (1965) 2005. *Das Rauschen der Sprache*. Frankfurt am Main: Suhrkamp.

Benjamin, Ruha. 2019. *Race after Technology: Abolitionist Tools for the New Jim Code*. Medford, MA: Polity.

Chun, Wendy. 2021. *Discriminating Data: Correlation, Neighborhoods, and the New Politics of Recognition*. Cambridge, MA: MIT Press.

Fisher, Mark. 2009. *Capitalist Realism: Is There No Alternative?* Winchester: O Books.

Foucault, Michel. (1974) 2017. *Die Ordnung der Dinge: Eine Archäologie der Humanwissenschaften*. Frankfurt am Main: Suhrkamp.

Fukuyama, Francis. (1992) 2020. *The End of History and the Last Man*. London: Penguin.

Galloway, Alexander. 2022. „Big Bro". *Boundary2.org*. Zugegriffen am 18. Februar 2022. https://www.boundary2.org/2022/01/alexander-r-galloway-big-bro-review-of-wendy-hui-kyun-chun-discriminating-data-correlation-neighborhoods-and-the-new-politics-of-recognition/.

Heidegger, Martin. (1964) 2007. „Das Ende der Philosophie und die Aufgabe des Denkens". In *Gesamtausgabe*, Bd. 14, herausgegeben von Friedrich-Wilhelm von Herrmann, 67–90. Frankfurt am Main: Vittorio Klostermann.

Herder, Janosik, Felix Maschewski und Anna-Verena Nosthoff. 2021. „Editorial: Futures of Critique in the Digital Age". *Behemoth A Journal on Civilisation* 14 (2): 1–5.

Horkheimer, Max. (1947) 2007. *Zur Kritik der instrumentellen Vernunft*. Frankfurt am Main: Fischer.

Hörl, Erich, Nelly Y. Pinkrah und Lotte Warnsholdt. 2021. *Critique and the Digital*. Zürich/Berlin: Diaphanes.

Latour, Bruno. 2007. *Elend der Kritik: Vom Krieg um Fakten zu Dingen von Belang*. Zürich/Berlin: Diaphanes.

Massumi, Brian. 2010. „On Critique". *Inflexions. A Journal for Research Creation* 4: 337–40. Zugegriffen am 18. Februar 2022. http://www.inflexions.org/n4_Brian-Massumi-on-Critique.pdf.

Rose, Nikolas. 1996. „The Death of the Social? Re-figuring the Territory of Government". *Economy and Society* 25 (3): 327–56.

Rouvroy, Antoinette. 2013. „The End(s) of Critique: Data Behaviourism versus Due Process". In *Privacy, Due Process and the Computational Turn: The Philosophy of Law Meets the Philosophy of Technology*, herausgegeben von Mireille Hildebrandt und Katja de Vries, 143–67. Routledge: London.

Rudder, Christian. 2014. *Dataclysm: Who We Are (When We Think Know One's Looking)*. New York: Crown.

Stephens-Davidowitz, Seth. 2018. *Everybody Lies: Big Data, New Data, and What the Internet Can Tell Us About Who We Really Are*. New York: Arper Collins.

Thiele, Kathrin. 2015. „Ende der Kritik? Kritisches Denken heute". In *Gegen/Stand der Kritik*, herausgegeben von Andrea Allerkamp, Pablo Valdivia und Sophie Witt, 139–62. Zürich/Berlin: Diaphanes

Tiqqun. 2007. *Kybernetik und Revolte*. Zürich/Berlin: Diaphanes.

Wylie, Christopher. 2019. *Mindf*ck: Inside Cambridge Analytica's Plot to Break the World*. London: Profile Books Ltd.

Žižek, Slavoj. 2015. *Trouble in Paradise: From the End of History to the End of Capitalism*. London: Penguin.

Zuboff, Shoshana. 2019. *The Age of Surveillance Capitalism*. London: Profile Books Ltd.

RECHT

ALGORITHMEN

GOUVERNEMENTALITÄT

GERICHTSVERHANDLUNGEN

NEGATIV-REFLEKTIERENDES URTEILEN

[1]

Is Code Law? Kritik in Zeiten algorithmischer Gouvernementalität

Liza Mattutat, Heiko Stubenrauch,
Lotte Warnsholdt

Seit einigen Jahren wird in den Medienwissenschaften diskutiert, ob es eine Krise der Kritik gibt und wie ihr zu begegnen wäre. Doch was genau heißt *Kritik* in dieser Debatte? Welche Kritik ist durch die Allgegenwart algorithmischer Prozesse bedroht und warum? Ausgehend von der Gegenwartsdiagnose Antoinette Rouvroys, die eine neue Regierungsform der *algorithmischen Gouvernementalität* aufziehen sieht, analysiert dieser Beitrag die Voraussetzungen kritischen Urteilens unter digitalen Bedingungen. Das Recht dient dabei als heuristisches Modell, an dem sich Kritik als negativ-reflektierendes Urteilen erweist, das seine eigenen Maßstäbe reflexiv zu verändern vermag.

Jahrzehnte vor dem Computational Turn denkt Hannah Arendt
über die Krise der Kritik nach. Im Zentrum steht für sie das Verhältnis von Maßstäben und Urteilen. Entgegen Autor*innen, die
den Wegfall bisheriger Maßstäbe als „Katastrophe der moralischen Welt" (Arendt 2003, 22) beklagen, macht sie geltend, dass
sich unsere Urteilskraft nicht im bloßen Anwenden von Maßstäben erschöpft. Darin sieht sie vielmehr bloßes Vorurteilen,
das rein subsumierend verfährt. Diesem Vorurteilen setzt sie das
Urteilen entgegen, das ohne jegliche Maßstäbe auskommt und
reflektierend vom Einzelfall auf den allgemeinen Maßstab schließt
(vgl. ebd., 20). Ginge diese Fähigkeit zum reflektierenden Urteilen
verloren, dann geriete „nicht so sehr die Welt als der Mensch
selbst aus den Fugen" (ebd., 23) – mit diesen Worten schließt
Arendts Fragment *Vorurteil und Urteil*.

Die belgische Rechtswissenschaftlerin Antoinette Rouvroy
sieht genau dies verwirklicht. Die Fähigkeit zum reflektierenden
Urteilen und damit das kritische Subjekt selbst seien in Gefahr, da
automatisierte algorithmische Prozesse unseren Weltbezug und
unsere Realitätsproduktion immer tiefer und weiter bestimmen
(Rouvroy 2013). Das Aufkommen automatisierter algorithmischer
Prozesse, die Rouvroy als neue Regierungsform unter *algorithmic governmentality* zusammenfasst, unterlaufe die kritischen
Subjektivierungsformen aus zwei Gründen: Erstens können die
festgelegten Maßstäbe des Urteilens in der algorithmischen Gouvernementalität von Subjekten weder eingesehen, nachvollzogen,

noch verändert werden. Zweitens können genuin neue oder abweichende Phänomene, die in Arendts Auffassung das maßstablose Urteilen überhaupt erst anstoßen (vgl. Arendt 2003, 20), in algorithmischen Umwelten nicht mehr sichtbar werden (vgl. Rouvroy 2013).

In Rouvroys Gegenwartsdiagnose werden die Gefahr und die Krise potenziert, in denen Arendt das kritische Subjekt zwischen Vorurteil und Urteil sah. Sie schreibt dem Subjekt gar keine Urteilskraft mehr zu, weder eine sich an Maßstäben orientierende noch eine maßstabslose. Der Mensch scheint in Rouvroys Deutung nun tatsächlich aus den Fugen geraten zu sein.

Für eine letzte Rettung des Subjekts und seiner Kritikfähigkeit wendet sie sich in einem überraschend enthusiastischen Zug dem Recht und seinen Verfahren zu. In eben jenen erkennt Rouvroy die Bedingungen der Möglichkeit der Urteilskraft und damit der Kritik. Doch ist das Recht nicht genau der Bereich unserer Kultur, in dem Urteile nach festen Regeln und Maßstäben gefällt werden und dessen innere Logik ein maßstabloses Urteilen unterbindet? Ist es nicht das Recht, das unser Handeln bestimmt und im Zweifel sanktioniert und das in seinen konkreten Ausführungen besonders kritikwürdig ist? Wieso soll also gerade das Recht eine Kontrastfolie zu algorithmischer Gouvernementalität bieten, innerhalb derer Kritik verunmöglicht scheint?

Ausgehend von diesen Fragen, werden wir den Kritikbegriff präzisieren, der die Debatte um die (Un-)Möglichkeit von Kritik unter digitalen Bedingungen orientiert. Im ersten Schritt bestimmen wir das Problem, das sich für das Projekt der Kritik stellt, wenn automatisierte algorithmische Prozesse so ubiquitär werden, dass gar von einer algorithmischen Regierungsform gesprochen werden kann. In einem zweiten Schritt dient uns das Recht mit Rouvroy als Modell, an dem sich die Form des kritischen Urteilens analysieren lässt. Statt aber wie Rouvroy der algorithmischen Gouvernementalität das Recht als Hort der Kritik entgegenzusetzen, arbeiten wir die Voraussetzungen heraus, unter denen Kritik unter digitalen Bedingungen möglich bliebe. Zu klären, ob diese Voraussetzungen tatsächlich erfüllt sind, ist nicht Ziel unserer Untersuchung. Wir wollen sie zunächst bestimmen und dadurch die Fragestellung der Debatte, ob und wie Kritik im Digitalen möglich ist, konkretisieren.

Algorithmische Gouvernementalität und die Krise der Kritik

Der Begriff *digitale Kulturen* bezeichnet den Einzug des Digitalen in sämtliche Lebensbereiche, mit dem sich neue Realitätserzeugungen durchsetzen, in denen Lebenswelt und digitale Medienumwelt unauflösbar miteinander verflochten sind (vgl. Beyes und Pias 2014, 111). In Abgrenzung dazu zielen die Bezeichnungen *algorithmic government* und *algorithmic governmentality* auf ein spezifisches Verhältnis innerhalb digitaler Kulturen ab. Sie dienen Rouvroy zur Benennung einer gegenwärtigen Regierungsform, in der die Regulierung von Verhalten vornehmlich von Automatisierungsprozessen digitaler Datenverarbeitung übernommen wird. Im Gegensatz zu Regierungsformen, die etwa mithilfe von Verboten oder Gesetzen Zwang ausüben, werde in der algorithmischen Gouvernementalität unser Verhalten durch die Modifizierung von Möglichkeitsräumen reguliert (vgl. auch Chun 2018, 132). Es sind dabei vor allem in Echtzeit operierende Technologien des Profilings und der Personalisierung, die Rouvroy (2013, 143f.) als Eintrittsort der neuen Regierungstechnik bestimmt, obgleich die Ubiquität der Digitalisierung die Grundlage der algorithmischen Gouvernementalität bildet.

Rouvroy begreift die algorithmische Gouvernementalität nicht bloß als eine neue Regierungsform, sondern als eine besonders gefährliche, da sie die Kritikfähigkeit des Subjekts in zunehmendem Maße bedrohe. In Anlehnung an Foucaults berühmte Formulierung von der „Kunst, nicht dermaßen regiert zu werden" (1992, 12), charakterisiert sie Kritik zunächst über

den Unterschied zwischen der bloß urteilenden Anwendung und
der Hinterfragung von Maßstäben: „[B]y critique we mean … the
virtue consisting in challenging the very categories through one
is predisposed to perceive and evaluate people and situations of
the world, rather than merely judging them according to these
very categories" (Rouvroy 2013, 146). Weil die algorithmische Gouvernementalität die Bedingung dieses Vermögens – die Erfahrung
des Scheiterns von Maßstäben, Meinungen und Handlungsmotiven – unterlaufe, sieht Rouvroy zugleich die Gefahr einer
verabsolutierten Regierungsform heraufziehen.

Um diese Bedingung der Kritik herauszuarbeiten und zu
erläutern, warum sie in der algorithmischen Gouvernementalität
gefährdet ist, führt Rouvroy die Unterscheidung zwischen *Welt*
und *Realität* ein. Die *Welt* sei uns nicht unmittelbar zugänglich,
sie erhalte erst vermittelt durch repräsentierende Zugriffe, insbesondere durch sprachliche Interpretation, eine Bedeutung für
uns. Im Prozess der Interpretation können etwa Handlungen als
motiviert und Situationen als sinnvoll dargestellt werden, ohne
dass sich diese Motivation oder dieser Sinn notwendig aus der
Welt ergeben. Die Gesamtheit der so etablierten Bedeutungen
und Bewertungsmaßstäbe nennt Rouvroy *Realität*. Obwohl
jede Interpretation von *Welt* eine unter mehreren möglichen
ist, erscheint *Realität* nicht notwendig als Deutung von *Welt*,
sondern als unhintergehbare, verbindliche Ordnung. Weil uns
die *Welt* nicht unmittelbar zugänglich ist, sondern lediglich durch
ihre Interpretation vermittelt, kommt sie nur dann zum Vorschein, wenn die Repräsentationsordnung scheitert oder an ihre
Grenzen stößt. In Fällen von unvorhersehbarer Unsicherheit
oder Ungewissheit zeigt sich *Welt* als Voraussetzung von *Realität*,
die zwar immer zugegen ist, jedoch in der Regel im Verborgenen
verbleibt.

Obgleich das Eintreten von Unsicherheit und Ungewissheit für
die Repräsentationsordnung und ihre Institutionen eine Gefahr
darstellen, die sie unter allen Umständen zu vermeiden suchen,
sind sie zugleich eine grundlegende Bedingung der Möglichkeit

von Kritik: „The distance between ‚the world' and ‚reality', this ‚unknown part of radical uncertainty' has always been a challenge for institutions and, at the same time, a precondition for the possibility of critique" (Rouvroy 2013, 146). Nur dann, wenn *Welt* in *Realität* als unvorhersehbare Unsicherheit oder Ungewissheit einzubrechen vermag, kann sich ein Spielraum der Kritik öffnen, in dem sich *Realität* als kontingent erweist. Sie zeigt sich dann als eine Repräsentation von *Welt*, die einen von vielen möglichen Weltzugängen darstellt und deren Maßstäbe daher bestreit- und nicht nur wie selbstverständlich anwendbar sind.

Eben dieses Verhältnis von *Welt* und *Realität* sieht Rouvroy innerhalb algorithmischer Gouvernementalität einem grundlegenden Wandel unterworfen. Mit dem zweischneidigen Versprechen, die Einzelnen von der Interpretation und Beurteilung der *Welt* zu entlasten, erzeugen algorithmische Prozesse unter anderem durch Echokammern, Filterblasen und Empfehlungsdienste eine Art von *Realität*, die sich durch die Anpassung digitaler Medienumwelten sowie durch die Vorauswahl von Handlungs-, Entscheidungs- und Informationsmöglichkeiten gegenüber dem Aufkommen von Unsicherheit und Ungewissheit zunehmend absichert.[1]

Wie erzeugen algorithmische Prozesse diese *Realität*, und was unterscheidet sie von jenen Prozessen, durch die eine sprachliche Interpretationsgemeinschaft *Realität* stiftet? Im Gegensatz zur Sprache beziehen sich Algorithmen nicht auf die *Welt*, sondern auf Daten von ihr. Allerdings treten diese Daten in den realitätserzeugenden algorithmischen Prozessen als unhintergehbarer Anfangspunkt auf. Vom Algorithmus aus gesehen sind die Daten die *Welt* – eine „(digitally recorded) world" oder „digital world" (Rouvroy 2013, 147). Diese Daten werden nun in algorithmischen

---

[1] Diese Entwicklung fasst und analysiert Erich Hörl mit dem Begriff der *Umweltlichkeit* bzw. *Environmentalität*. Mit *Environmentalität* bezeichnet er die gegenwärtige technologische Bedingung, in der ein im Foucault'schen Sinne gedachter Macht/Wissen-Komplex über mikrotemporal wirkende und allgegenwärtige – und in dem Sinne umweltliche – Medien operiert (vgl. Hörl 2018).

Prozessen verarbeitet, jedoch nicht so, wie die *Welt* in der Sprache interpretiert wird. Algorithmische Prozesse stützen sich auf Korrelationen, die den Daten immanent sind, wohingegen die sprachliche Interpretation eine produktive Tätigkeit ist, die der *Welt* Sinn verleiht.

Indem algorithmische Prozesse sich auf die *digital world*, die Daten von der *Welt*, und nicht auf die *Welt* selbst beziehen, verleugnen und naturalisieren sie den vorausgesetzten Schritt der Daten-Genese – mit fatalen Folgen für das Unterfangen der Kritik. Denn die *digital world* kann sich nicht derart gegen die auf ihrer Grundlage erzeugte *Realität* zur Wehr setzen, wie die *Welt* ihre Interpretationen Lügen strafen kann. Daten sind nicht die „resilient objects" (Rouvroy und Stiegler 2016, 7), welche die *Welt* bevölkern, sondern bereits eine Repräsentation von ihnen. Schon bevor Algorithmen zu rechnen beginnen, wurde durch die Übernahme der *digital world* eine Vorentscheidung getroffen: In der digital produzierten *Realität* wird sich die *Welt* nicht zeigen können. Während algorithmische Gouvernementalität ihre Produktivität im ersten Schritt verleugnet, gibt sie im zweiten Schritt vor, eine produktive Interpretation der *Welt* hervorzubringen, obwohl sie hier ausschließlich subsumierend tätig ist.[2] Was das Digitale als eine Produktion reinen Wissens von der *Welt* präsentiert, besteht lediglich in der Subsumtion der *digital world* unter ihr bereits immanente Muster und Profile, die der Reproduktion dieser im ersten Schritt hervorgebrachten *digital world* dienen. Die Tätigkeit algorithmischer Prozesse wäscht die verdeckte Produktionstätigkeit der Daten-Generierung rein. Sie behauptet den unanfechtbaren Mechanismus der Subsumtion als

2   Auch die kanadische Medienwissenschaftlerin Wendy Hui Kyong Chun schreibt über diesen Zweischritt in der Netzwerkanalyse. Sie untersucht das ihr zugrundeliegende Prinzip der sozialen Homophilie, das Vorurteile, Sexismen und Rassismen in die Auswertung der Daten einschreibt und sie dadurch naturalisiert. Chun hebt hervor, dass in digitalen Netzwerken eben nicht die reale Welt modelliert werde, „sondern ihre ursprüngliche Repräsentation. Als Wahrheit gilt, was diese Abstraktion wiederholt" (2018, 135–36).

Ort der Realitätsproduktion und zerstört damit die Angriffsfläche, welche die sprachliche Wissensproduktion bereithält, wenn sie die *Welt* notwendigerweise bestreitbar deutet.

> ‚Reality' – that knowledge appearing to hold – does not seem to be produced anymore, but is always already there, immanent to the databases, waiting to be discovered by statistical algorithmic processes. Knowledge is not produced about the world anymore, but from the digital world. (Rouvroy 2013, 147)

Mit dem metaphorischen Raum der Kritik, dem erfahrbaren Unterschied von *Welt* und *Realität*, verschwindet auch ihre Zeit. Die subsumierende Auswertung von Daten über algorithmische Prozesse erfolgt (zeitlich) unmittelbar. Im Unterschied zum Interpretationsprozess *Welt*-Interpretation–*Realität* weist der Prozess *Welt*-Datengenerierung–Daten–Subsumtion–*algorithmische Realität* keine Dauer auf. In ihm gibt es nicht nur keinen Raum, sondern auch keine Zeit, in der die *Welt* in die *Realität* einbrechen könnte, um die *Realität* zu verändern.[3] Der Prozess der Realitätskonstruktion wird ebenso unsichtbar wie unangreifbar. So erscheint *Realität* als *Welt* und Kritik ist verstellt.

> The computational turn renders persons and situations immediately and operationally ‚meaningful' through their automatic subsumption into (future opportunities or risk) patterns or profiles, without the interpretative detour of trial or process and even without concrete, material confrontation or encounter with the actual objects or persons concerned. (Rouvroy 2013, 155)

---

3 Die Erhebung und Verarbeitung von Daten selbst hat einen zeitlichen Verlauf im Sinne der messbaren Zeit. Aufgrund der Verfahrensweise, der Automation und der Geschwindigkeit eröffnet dieser zeitliche Verlauf aber keinen Raum der Kritik. Inwiefern sich algorithmische Prozesse unter dem Aspekt ihrer Temporalität den Zugriffsmöglichkeiten des kritischen Subjekts entziehen, wird u.a. ausführlich von Mark B. Hansen (2015) und N. Katherine Hayles (2017) diskutiert.

Um dem Verlust der Kritikfähigkeit etwas entgegenzuhalten, wendet Rouvroy sich dem Recht zu, das ihr als Gegenmodell zur algorithmischen Gouvernementalität erscheint. Denn was in der Tätigkeit der Algorithmen unsichtbar und unangreifbar gemacht wird, das stelle der Rechtsprozess geradezu aus: den Konstitutionsprozess von *Realität*. Vor allem die Ineffizienz, Ineffektivität und Langwierigkeit rechtlicher Verfahren (vgl. ebd., 145) eröffneten sowohl Zeit als auch Raum für Kritik.

Der Rechtsprozess als Modell der Kritik

Rouvroys Hinwendung zum Recht ist deshalb überraschend, weil doch insbesondere im Recht und seinen Verfahren die subsumierende Logik zum Einsatz kommt, die Rouvroy im Digitalen als bedrohlich beschreibt. Diese Subsumtionslogik, für die das Recht seit seinen Anfängen in der Kritik steht, wird in Hinblick auf die Rechtsprechung vor allem deshalb problematisiert, weil sie den Einzelfällen nicht gerecht werden kann. Denn um einen singulären Einzelfall unter eine allgemeine Norm zu bringen, muss das rechtliche Urteilen alle Eigenschaften des Falls unberücksichtigt lassen, die nicht den Tatbestandsmerkmalen der Norm entsprechen.[4] Der Einzelfall geht so prinzipiell nicht in der Norm auf, erscheint im Urteil aber als normgemäß. Genau hierin liegt die epistemische Gewalt des Rechts.[5]

---

4   Eine Rechtsnorm besteht grundsätzlich aus einem Tatbestand und einer Rechtsfolge, die in einer Wenn-Dann-Relation stehen. Der Tatbestand ist in Tatbestandsmerkmale untergliedert, die die Kriterien für die Erfüllung des Tatbestands angeben. Wenn ein Sachverhalt diesen Kriterien entspricht, dann soll die Rechtsfolge (z.B. eine Strafe) eintreten.

5   Epistemische Gewalt besteht im Unterschied zu physischer, psychischer oder struktureller Gewalt in gesellschaftlichen Mechanismen, die festlegen, wer und was sicht- und vernehmbar werden kann. Der Begriff wurde von Gayatri Spivak (1988) geprägt und wird meist in feministischen, antirassistischen und postkolonialen Kontexten gebraucht, um Diskurshegemonien zu benennen, die Frauen, Lesben, inter*, nicht-binäre, trans* und agender Personen (FLINTA*), BIPoC und Menschen aus dem globalen

Diese Kritik, die man *Abstraktionskritik des Rechts* nennen kann, bezieht sich nicht nur auf rechtliche, sondern auch auf epistemische, moralische und ästhetische Urteile, insofern sie alle derselben subsumierenden Logik folgen. In kunstkritischen, soziologischen, gesellschaftstheoretischen und philosophischen Urteilspraxen sieht die Abstraktionskritik dieselben Probleme am Werk. Sie alle setzen ein asymmetrisches Verhältnis von Maßstab und Beurteiltem voraus, in dem das Beurteilte unter den Maßstab gebracht wird, während dieser selbst nicht reflektiert oder verändert wird. Damit bringen sie Ungerechtigkeit gegenüber dem Singulären, die Durchsetzung der normativen Ordnung und epistemische Gewalt gegenüber dem Nicht-Normgemäßen mit sich.[6] So argumentiert etwa Deleuze, dass das Urteil „das Neue am Existierenden nicht fassen und die Erschaffung eines neuen Existenzmodus nicht erahnen" (2000, 183) kann, weil es sich auf bereits vorausgesetzte Normen beziehen muss. Die subsumierende Logik erscheint so als das Hemmnis der Existenz und ihrer Entwicklung schlechthin. Die Abstraktionskritik des Rechts benennt damit dasselbe Problem, das Rouvroy für die algorithmische Gouvernementalität bestimmt: Indem qua automatisierter Verfahren Daten in Patterns geordnet werden, die zukünftige Handlungsmöglichkeiten bestimmen und begrenzen, verunmöglichen sie, dass etwas erscheinen kann, was anders ist, als durch diese Verfahren vorausbestimmt. Analog zum

    Süden ausschließen bzw. nur in der fremdbestimmten Rolle der *Anderen* erscheinen lassen.

6   Dieses Motiv findet sich seit den 1960ern in verschiedenen Disziplinen wieder: In der Diagnose einer Krise der Kunstkritik, die in Kunst und Kunstgeschichte viel diskutiert wurde, figuriert der formalistische Kunstkritiker als Richter, der das Kunstwerk externen und elitären Maßstäben unterwirft (vgl. Elkins 2003). Im bis heute schwelenden Positivismusstreit in der Soziologie wird diskutiert, ob eine kritische Theorie der Gesellschaft ihre Kriterien begründen kann, und weite Teile der Französischen Philosophie des 20. Jahrhunderts konzentrierte sich in Auseinandersetzung mit der Heidegger'schen Phänomenologie auf die Neukonzeption der Philosophie als ein „nichtjudikatives, präjudikatives Entdecken, auf eine andere Wahrheit" (Derrida 1992, 27).

Recht, wie es in der Abstraktionskritik des Rechts erscheint, subsumieren sie Einzelnes in und unter allgemeine Patterns (= Ungerechtigkeit gegen das Singuläre), verunmöglichen das Erscheinen des Anderen als Anderes (= epistemische Gewalt) und verstellen die Möglichkeit einer anderen Zukunft (= Durchsetzung einer normativen Ordnung).

Während das Recht in dieser Tradition der Kritik als Modell für die problematische Subsumtionslogik dient, will Rouvroy im rechtlichen Urteilen gerade ein Gegenmodell zur „automatic subsumption" (2013, 155) der algorithmischen Gouvernementalität finden. Sie hält das Recht für einen heterotopen räumlich-zeitlichen Ort, in dem das Unbekannte und das Gemeinsame erscheinen können (vgl. ebd., 160). Es gilt ihr deshalb als Bastion des kritischen Denkens gegen die algorithmische Gouvernementalität und sie hofft, deren Ausbreitung durch rechtliche Regelungen entgegenwirken zu können.

Wie aber soll das bisher Unbekannte im Recht erscheinen, wenn in der subsumierenden Logik des Rechts der Einzelfall nur insofern erscheint, als er der Norm entspricht, wenn das Unbekannte an ihm also gerade nicht zur Darstellung kommen kann, wie die Abstraktionskritik des Rechts argumentiert? Um dies herauszuarbeiten, soll uns das Recht im Folgenden – analog zur Abstraktionskritik des Rechts, wenn auch in gegenteiliger Absicht – als heuristisches Modell dienen, um die Bedingungen für dieses Erscheinen des Unbekannten zu klären. Das Recht hilft uns so zu präzisieren, was kritisches Urteilen ist und unter welchen Bedingungen es steht. Anders als Rouvroy werden wir das Recht dann allerdings nicht als den einzigen Ort der Kritik oder als Garant für kritische Praxis verstehen.

Um zu begreifen, wie *Welt* im Recht erscheinen kann, müssen zwei Aspekte von Urteilen auseinandertreten, die in der Abstraktionskritik des Rechts zusammenfallen und die auch Rouvroy nicht unterscheidet: das Urteil *als Resultat* eines (Rechts-) Prozesses und das Urteilen *als dieser Prozess* selbst. Konzentriert man sich, wie die Abstraktionskritik des Rechts, nur auf das Urteil als Resultat einer Gerichtsverhandlung, erscheint juridisches Urteilen tatsächlich als rein subsumierend. Der Sachverhalt erscheint im geschriebenen Urteil nur in dem Maße, in dem er die Tatbestandsmerkmale der Norm erfüllt. Was an ihm anders ist als der in der Norm definierte Tatbestand, ist für das Urteil irrelevant, bleibt unberücksichtigt und kommt nicht zur Darstellung. Deshalb erscheinen rechtliche Urteile immer so, als wären sie eine bloße Subsumtion des Falles (ausführlicher s. Mattutat 2016, 70ff.).

Schaut man hingegen auf das Urteilen als Prozess, wie es sich in Gerichtsverhandlungen darstellt, ergibt sich ein anderes Bild. Das Gericht operiert, wie Cornelia Vismann sagt, „im zeitlichen Modus der Nachträglichkeit" (2011, 230) und „zelebriert ... Übersetzungen auf allen Ebenen" (ebd.):

> [D]as Hin und Her zwischen Angeklagten- und Juristensprache, de[r] Transfer von erinnerter Tat in einen juridischen Tatbestand und de[r] Wechsel von Beweisaufnahme zu Beweiswürdigung. ... Die Alltagsworte des Zeugen werden in juristische Erörterungen transformiert usf. bis am Ende aus den vielfältigen Übersetzungen das Urteil des Gerichts in der ihm eigenen Sprache hervorgeht. (ebd.)

Angesichts der verschiedenen Übersetzungsleistungen, die vollbracht werden müssen, bevor das Urteil gefällt werden kann, ist es irreführend, von einer reinen Subsumtion zu sprechen. Ja, es ist gewissermaßen irreführend zu sagen, das Gericht verhandele Fälle. Denn in der Gerichtsverhandlung steht gerade infrage, ob das diskutierte Geschehen überhaupt ein Fall der Norm ist. Das Gericht übersetzt ein singuläres Geschehen allererst in einen juristischen Fall. Dieser Übersetzungsprozess ist es nun, der die Zeit und den Raum eröffnet, um Normen sicht-, versteh- und anfechtbar zu machen: „it requires people to talk, to make use of language, after the facts, to recall, represent the facts, redraw the motives of their acts; the law ... provides a scene where subjects

perform their ‚authorship', with an authority to speak, to give
account of themselves" (Rouvroy 2013, 161).

In Gerichtsverhandlungen treten mindestens zwei Parteien auf,
die unterschiedliche Erzählungen des Sachverhalts präsentieren.
So wird ein Versprachlichungsprozess angestoßen, in dem der
Sachverhalt in mindestens zwei Sichtweisen zur Darstellung
kommt. Die Parteien schlagen verschiedene Weisen vor, die *Welt*
als *Realität* zu repräsentieren. Im Unterschied zu der über algorithmische Verfahren produzierten Repräsentation von *Welt* wird
über das Ringen der Erzählungen deutlich sichtbar, dass es sich
überhaupt um Repräsentationen handelt, die nicht unmittelbar
identisch mit dem wirklichen Geschehen der *Welt* sind (vgl.
auch Menke 2011, 20ff.). So erkennt das juridische Urteilen einen
Abstand zwischen der *Welt* und ihrer Interpretation an, der es
erst ermöglicht, dass sich Unvorhersehbares zeigt.

In Gerichtsverhandlungen ist nicht von vornherein klar, welche
Norm und ob überhaupt eine Norm den diskutierten Sachverhalt erfassen kann. Vielmehr zeigt sich ein Sachverhalt im Laufe
des Verfahrens in seiner Komplexität und Vielstimmigkeit und es
muss in langwierigen Übersetzungsprozessen geklärt werden,
wie er zu beurteilen ist. Deshalb weisen Gerichtsverhandlungen
eine Zeitlichkeit auf, die sie von der Gleichzeitigkeit algorithmischer Gouvernementalität unterscheidet: sie dauern. Sie
eröffnen ein Intervall, eine Zeitspanne zwischen dem Erscheinen
des Sachverhalts und seiner Beurteilung, in der Sachverhalt und
Norm gewissermaßen nebeneinander erscheinen. Derrida nennt
dies das Moment der „kaum wahrnehmbare[n] Suspension"
(Derrida 1991, 51) der Norm und die „Zeit der *Epoche*" (ebd., 42),
in der die Anwendung der Norm für einen Augenblick ausgesetzt
ist. Die algorithmische Gouvernementalität tilgt diese „Zeit der
Epoche", wenn durch automatische Subsumtion die *Realität* in
Echtzeit verändert und angepasst wird. Es ist aber gerade dieses
Intervall, diese „Zeit der *Epoche*", die im juridischen Urteilen das
Auseinandertreten von Norm und Sachverhalt, von Maßstab und

Beurteiltem, ermöglicht und Normen dadurch als solche sichtbar werden lässt.

Schaut man auf das Recht und die Rechtsprechung im Sinne des Urteilens als Prozess, rücken die Übersetzungsprozesse und ihre kulturellen Leistungen in den Vordergrund. Der Prozess der Anwendung von Normen wird darin sichtbar gemacht. Wie aber wirken diese Übersetzungsprozesse auf das Recht selbst? Wird eine Norm durch sie anfechtbar, wie Rouvroy annimmt (vgl. 2013, 161)? Das gilt nur, wenn auch die Norm im Übersetzungsprozess des Gerichts nicht unberührt bleibt, wenn auch sie sich im Übersetzungsprozess des Gerichts verändert. Bei genauerer Betrachtung stellt es sich genau so dar: Normen können immer nur allgemein angeben, was ihr Fall ist, d.h. allgemeine Tatbestandsmerkmale definieren. Die Bedeutung dieser Tatbestandsmerkmale konkretisiert sich erst dadurch, dass in der Rechtsanwendung Fälle unter die Norm gebracht werden. Das aber bedeutet, dass die Rechtsnorm keineswegs der invariante Maßstab ist, der in der Rechtsprechung rein angewendet wird. Vielmehr verändert sich dieser Maßstab selbst in seiner Anwendung. Rechtsprechung ist somit immer auch Rechtsentwicklung (ausführlicher s. Mattutat 2016, 49ff.). Im rechtlichen Urteilen wird der *Welt* folglich insofern Rechnung getragen, als sie – wie gering auch immer – konkretisierend und damit modifizierend auf die Rechtsnormen wirkt.

Genau dies wird jedoch im Urteil als Resultat des Gerichtsprozesses unsichtbar. In der abschließenden Darstellung verschwindet diese Bewegung, weil der Prozess als rein subsumierendes Vorgehen repräsentiert wird. Das Urteil präsentiert eine eindeutige Interpretation von *Welt* und lässt den Streit zwischen den verschiedenen Erzählungen, den Streit um die *Realität*, verschwinden. Denn in der juridischen Übersetzung von Geschehen zu Fall und schließlich zu Urteil liegt Vismann zufolge noch ein weiterer Transformationsprozess, dessen vorrangige Aufgabe es ist, eine Übersetzung von Tat in Wort zu leisten. Über

die Versprachlichung einer vormals unaussprechlichen, unver-
ständlichen Tat wird „das Ding, das entzweit" in eine symbolische
Ordnung übersetzt und wird so zur begreifbaren Sache. Im Urteil
wird *Realität* über ein gemeinsames In-Sprache-bringen wieder-
hergestellt, nachdem die *Welt*, im Sinne der unbegreiflichen Tat, in
diese eingebrochen ist (vgl. Vismann 2011, 28ff.). Insbesondere als
Versprachlichungsprozess bietet die Rechtsprechung damit eine
(Re-)Produktionsstätte für eine gemeinsame Repräsentation von
Welt.

Weil Rouvroy, spiegelbildlich zur Abstraktionskritik des Rechts,
nur auf den Prozess des Urteilens schaut, nicht aber auf das
Urteil als Resultat, überschätzt sie die emanzipatorische Funktion
des Rechts. Rouvroys Beobachtung, dass Gerichtsverhandlungen
einen Raum und eine Zeit eröffnen, in denen *Welt* erscheinen,
Normen sichtbar und Subjekte gehört werden können, ist richtig.
Was sie übersieht, ist, dass dieser Raum und diese Zeit sogleich
wieder verschwinden. In der Funktion des Urteils als Resultat ist
das Recht damit gar nicht so verschieden von der algorithmischen
Gouvernementalität. Denn wie in algorithmischen Prozessen die
einzelnen Operationen und ihre Voraussetzungen nicht mehr
nachvollziehbar sind (vgl. Passig 2017), lässt auch das Recht alle
Zwischenschritte, alle alternativen Repräsentationen von *Welt*, die
im Verlauf des Prozesses erwogen worden sind, im geschriebenen
Urteil undargestellt und macht sie dadurch wieder unsichtbar. So
weist das Recht zwar eine Produktionsstätte von *Realität* aus, es
ist aber nicht der heile Ort der Kritik und verspricht auch keine
hinreichenden Bedingungen für ein kritisches Urteilen. Doch
bietet es uns, wie sich zeigen wird, ein Modell des Urteilens, das
es erlaubt, die Bedingungen von Kritik zu präzisieren.

Scheitern können: Kritik als negativ-reflektierendes Urteilen

Wird das Recht als heuristisches Modell für Kritik interpretiert,
dann verdeutlicht es, dass Kritik, die über das bloße Anwenden

von Maßstäben hinausgelangen will, nicht ohne Maßstäbe und Urteile auskommen muss. Im Spiegel des Rechts erscheint sie als eine Art des Urteilens, die Maßstäbe nicht nur anwendet, sondern neue Maßstäbe schafft. Auf diese Weise allegorisch gelesen erinnert Rouvroys Hinwendung zum Recht an Hannah Arendt, die die Urteilsform der Kritik vom subsumierenden Urteil unterscheidet und *reflektierendes Urteilen* nennt:

> [Das Wort *Urteilen*] meint einmal das ordnende Subsumieren des Einzelnen und Partikularen unter etwas Allgemeines und Universales. ... Urteilen kann aber auch etwas ganz anderes meinen, ... wenn wir mit etwas konfrontiert werden, was wir noch nie gesehen haben .... Dieses maßstablose Urteilen ist uns wohlbekannt aus dem ästhetischen oder dem Geschmacksurteil, über das man, wie Kant einmal sagte, gerade nicht ‚disputieren‘, wohl aber streiten und übereinkommen kann ... . (Arendt 2003, 20)

Doch wird bei einem genaueren Hinsehen klar, dass der Begriff des reflektierenden Urteilens, das zugleich „maßstablos" (ebd.) und maßstabgenerierend urteilt und das Arendt vom subsumierenden Urteil abgrenzt, der am Modell des Rechts zur Darstellung gebrachten, kritischen Urteilsform noch nicht vollständig gerecht wird. Denn die entwickelte Urteilsform wendet weder Maßstäbe ausschließlich an, noch operiert sie maßstablos, vielmehr werden die Maßstäbe in der Anwendung selbst thematisch. Dem am Beispiel des Rechts veranschaulichten Modell des Urteilens sind die Anwendung von Maßstäben und die Generierung neuer Maßstäbe als zwei Momente inhärent. Die Maßstäbe verändern sich nämlich in ihrer Anwendung. Übertragen auf ein subjektives, kritisches Urteilen ist es die „denkende Konfrontation von Begriff und Sache" (Adorno 1966, 146), die die Möglichkeit offenhält, den Begriff der Sache, die Norm dem Fall oder die *Realität* der *Welt* anzupassen, statt sie bloß zu subsumieren. Maßstäbe werden hier nicht positiv aus dem Nichts kreiert, sondern negativ in der Konfrontation mit dem, über das sie urteilen, verändert. In Übereinstimmung mit

Kant und Arendt handelt es sich um eine Art des Urteilens, in der
Maßstäbe nicht bloß eine Anwendung finden, sondern vielmehr
reflektierend verändert werden. Da diese Veränderungen
sich aber im Unterschied zu Kant und Arendt nicht positiv,
sondern negativ vollziehen, nennen wir diese Art des Urteilens
negativ-reflektierend.

Am Recht lassen sich auch Ermöglichungsbedingungen eines
solchen negativ-reflektierenden Urteilens analysieren. Es verdeutlicht zunächst, dass die *Realität,* d.h. die Repräsentationsordnung, in der wir leben, einerseits objektiv so eingerichtet werden
muss, dass dem Urteilen ein Prozess, ein Ort und eine Dauer
zukommen kann. Erst wenn diese Bedingungen erfüllt sind, kann
sich auch außerhalb des Gerichts etwas zeigen, das dem Maßstab
ein Anderes entgegensetzt und ihn damit in seiner Kontingenz
aufweist. Dass sich ein Urteil überhaupt als Vorurteil erweisen
kann, ist somit abhängig von objektiven Bedingungen, die von
der algorithmischen Gouvernementalität in zunehmendem
Maße bedroht sind. Denn die automatische Verarbeitung von
Daten durch algorithmische Prozesse tilgt tendenziell den Ort,
an dem sich Unbekanntes zeigen könnte, und ihre Echtzeit-Ope-
rationalität nivelliert die Zeit, in der Maßstäbe überhaupt als
solche sichtbar werden könnten. Dadurch werden Widerstände
unbemerkt in algorithmische Umwelten integriert. Die algorithmische Gouvernementalität erzeugt eine *Realität,* die man als
phänomenologisch glatt beschreiben könnte, eben weil sie den
Schauplatz der Negationserfahrung fortwährend einhegt und
den bestehenden Maßstäben, Meinungen und Motiven alle Steine
aus dem Weg räumt. Negativ-reflektierendes Urteilen erfordert
hingegen eine *Realität,* die diese Widerstände zulässt oder ihr
Erscheinen institutionalisiert; es braucht eine brüchige Oberfläche, durch die *Welt* erscheinen kann. Dies ist die objektive
Ermöglichungsbedingung von subjektiv kritischem Urteilen.

Doch garantiert eine brüchige Oberfläche noch keine Brüche.
Die objektive Ermöglichung eines Prozesses des Urteilens
gewährleistet noch kein negativ-reflektierendes Urteilen an

sich. Als absolut notwendig erweist es sich darüber hinaus, die Irritationen subjektiv auch tatsächlich zum Anlass einer Maßstabsänderung zu nehmen. Obwohl sich Rouvroy in ihren Untersuchungen ausschließlich auf die objektiven Bedingungen konzentriert und darin dazu tendiert, die institutionelle Einrichtung eines Schauplatzes von Negationserfahrung im Recht als Garant für kritische Aktivität zu überhöhen, kann auch hier, bei den subjektiven Bedingungen, das Recht als Modell dienen. Eine Richterin könnte zum Beispiel der alten Normauslegung folgen, obwohl sich neue Phänomene (denen objektiv sowohl ein Raum als auch eine Zeit zur Präsentation gegeben wurden) gegen diese Normauslegung sperren. Ebenso könnten Erkennende ihre Meinung trotz widerstreitender Erfahrungen im Namen der alten *Realität* beibehalten. Gegen konservative Richter*innen oder unbelehrbare Erkennende beharrt etwa Adorno auf einem „Vorrang des Objekts" (Adorno 1966, 183), den er dem Subjekt im Urteil anzuerkennen aufgibt. Dem Objekt einen Vorrang einzuräumen, bedeutet – im Wissen darum, dass das Objekt (oder in Rouvroys Vokabular: die *Welt*) keinen unmittelbaren Eingang in die Repräsentationsordnung (oder: die *Realität*) findet –, in jedem Urteilsakt die Möglichkeit des Scheiterns des Maßstabs in Kauf zu nehmen, anstatt die Widerstände zu ignorieren. Während Rouvroy also das Recht als den Ort der Kritik außerhalb algorithmischer Gouvernementalität ansieht, verstehen wir das Recht als ein heuristisches Modell, das uns die Explikation der objektiven und subjektiven Voraussetzungen von Kritik erlaubt. Sie müssen erfüllt sein, wenn Kritik und mit ihr das Vermögen, „nicht dermaßen regiert zu werden", möglich bleiben soll.

Der Einsatzort eines negativ-reflektierenden Urteilens ist im gegenwärtigen Diskurs der Kritik umstritten: Die Bedrohung des kritischen Urteilens durch algorithmische Gouvernementalität nehmen einige Autor*innen zum willkommenen Anlass, die Abschaffung des negativen Kritikmodells zu fordern, um es durch ein positives zu ersetzen. In seinem viel beachteten Essay *Das Elend der Kritik* fordert etwa Bruno Latour, „das Wort ‚Kritik' mit

einer ganzen Reihe von neuen positiven Metaphern, Gesten,
Reflexen und Denkgewohnheiten zu verbinden" (2007, 56).
Negative Kritik beschreibt er dort als eine zweigliedrige Ope-
ration. In einem ersten – anti-fetischistischen – Schritt diffamiere
sie zunächst bestehende Meinungen und Ansichten (von den
Dingen) als subjektive Projektionen. In einem zweiten Schritt
führe sie dann die *wahren* Gesetze (der Dinge) an – die abhängig
von der die Kritik äußernden Disziplin die Gesetze von „Gesellschaft, Diskurs, Wissen-Schrägstrich-Macht, von Kraftfeldern, von
Imperien, vom Kapitalismus" (ebd., 15) seien – und fordere dazu
auf, diese wahren Gesetze an die Stelle der falschen Meinungen
und Ansichten zu setzen. Insofern negative Kritik in diesem
zweiten Schritt auf die Vorstellung eines objektiven Maßstabs
(jene *wahren* Gesetze) angewiesen sei, benutzt Latour zu ihrer
Charakterisierung das Bild des archimedischen Punkts, von dem
sie ihre Autorität beziehe. Doch die Aufforderung des Archimedes
– „Gib mir einen festen Punkt, und ich werde die Erde bewegen"
(ebd., 55) – sei schon immer unerfüllbar gewesen, sodass die
Position des objektiven Maßstabs stets willkürlich besetzt
worden sei, was das gesamte Unterfangen der negativen Kritik
disqualifiziere: „Man hat immer recht" (ebd., 38).

Der Begriff des negativ-reflektierenden Urteilens zeigt auf,
dass negative Kritik nicht auf einen solchen archimedischen
Punkt angewiesen ist. Die Vorstellung einer Kritik, die aus einer
vermeintlich transzendenten Perspektive Phänomene ver-
urteilt, entspricht dem subsumierenden Urteilstyp, den auch
wir im Laufe der Argumentation zurückgewiesen haben. Mit
Rouvroy haben wir gezeigt, dass jene Art des Urteilens die Per-
spektivität und Bedingtheit des Urteilsmaßstabs verleugnet und
dadurch bestreitbare *Realität* als unbezweifelbare *Welt* ausgibt.
Anstatt angesichts der Defizite des subsumierenden Urteilstyps eine Abkehr vom Projekt der Kritik zu fordern, führte uns
die Weiterentwicklung von Rouvroys Theorie zu einem Begriff
negativer Kritik, der die Unmöglichkeit eines archimedischen
Punktes zum Ausgangspunkt jedes Urteilens nimmt. Die – auch

40 technische – Bedingtheit der Maßstäbe aller Meinungen und Handlungsmotivationen wird darin explizit anerkannt und als Herausforderung der Kritik benannt. Gerade weil die Maßstäbe dem Subjekt vorausgehen und sie im Urteilen nicht nur angewendet werden sollen, wird der Akt der subsumierenden Maßstabsanwendung zum Prozess des negativ-reflektierenden Urteilens ausgeweitet. Es ist die Prozesshaftigkeit des negativ-reflektierenden Urteilens, die es dem Subjekt ermöglicht, die eigenen Maßstäbe zu problematisieren, ohne dabei transzendente Maßstäbe zu benötigen. Denn indem den vorausgesetzten Maßstäben im Prozess des Urteilens eine Zeit und ein Raum zum Scheitern gegeben wird, kann das Subjekt eine Negationserfahrung mit und an diesen Maßstäben machen. In dem Moment, in dem es die erfahrene Negativität auf die (u.a. technisch) vermittelten Maßstäbe zurückbezieht und sie im Lichte der Negationserfahrung reflektiert und anpasst, urteilt es reflexiv über diese Maßstäbe, ohne sich auf andere unvermittelte oder transzendente Maßstäbe zu beziehen. Unsere Darlegung des negativ-reflektierenden Urteilstyps konkretisiert somit die Frage, ob und wie negative Kritik im Rahmen der algorithmischen Gouvernementalität möglich bleibt. Ihre Möglichkeit hängt nicht an der Existenz technisch unvermittelter Urteilsmaßstäbe. Vielmehr kommt es darauf an, dass die u.a. technisch vermittelte Maßstäbe in den Umwelten algorithmischer Gouvernementalität im hier herausgearbeiteten Sinne scheitern können und dadurch Negationserfahrungen möglich bleiben. Ist der Unterschied von *Welt* und *Realität* in der algorithmischen Realitätsproduktion vollständig nivelliert oder bleibt er erhalten? Dies ist die Frage, die in der Debatte um die Möglichkeit oder Unmöglichkeit von negativer Kritik im Digitalen zu beantworten bleibt.

Literatur

Adorno, Theodor W. 1966. *Negative Dialektik*. Frankfurt am Main: Suhrkamp.
Arendt, Hannah. 2003. *Was ist Politik? Fragmente aus dem Nachlaß*. München: Piper.

Beyes, Timon und Claus Pias. 2014. „Transparenz und Geheimnis". *Zeitschrift für Kulturwissenschaften* 2: 111–17.

Chun, Wendy Hui Kyong. 2018. „Queerying Homophily: Muster der Netzwerkanalyse". *Zeitschrift für Medienwissenschaft* 1 (18): 131–48.

Deleuze, Gilles. 2000. *Kritik und Klinik*. Frankfurt am Main: Suhrkamp.

Derrida, Jacques. 1991. *Gesetzeskraft: Der „mystische Grund der Autorität"*. Frankfurt am Main: Suhrkamp.

Derrida, Jacques. 1992. *Préjugés: Vor dem Gesetz*. Wien: Passagen.

Elkins, James. 2003. *What Happened to Art Criticism?* Chicago: Prickly Paradigm Press.

Foucault, Michel. 1992. *Was ist Kritik?* Berlin: Merve.

Hansen, Mark B. 2015. *Fast-Forward: On the Future of Twenty-First-Century Media*. Chicago: The University of Chicago Press.

Hayles, N. Katherine. 2017. *Unthought: The Power of the Cognitive Nonconscious*. Chicago: The University of Chicago Press.

Hörl, Erich. 2018. „The Environmentalitarian Situation: Reflections on the Becoming-Environmental of Thinking, Power, and Capital". *Cultural Politics* 14: 153–73.

Latour, Bruno. 2007. *Elend der Kritik: Vom Krieg um Fakten zu Dingen von Belang*. Zürich/Berlin: diaphanes.

Mattutat, Liza. 2016. *Die vertrackte Urteilsform: Ein Argument zur Frage der Rechtsgeltung mit und gegen Hans Kelsen, Gustav Radbruch und Carl Schmitt*. Marburg: Tectum.

Menke, Christoph. 2011. *Recht und Gewalt*. Berlin: August.

Passig, Kathrin. 2017. „Fünfzig Jahre Black-Box". *Merkur* 823: 16–30.

Rouvroy, Antoinette. 2013. „The End(s) of Critique: Data Behavourism versus Due Process". In *Privacy, Due Process and the Computational Turn: The Philosophy of Law Meets the Philosophy of Technology*, herausgegeben von Katja de Vries und Mireille Hildebrandt, 143–67. New York: Routledge.

Rouvroy, Antoinette und Bernard Stiegler. 2016. „The Digital Regime of Truth: From the Algorithmic Governmentality to a New Rule of Law". *La Deleuziana: Online Journal of Philosophy* 3: 6–29.

Spivak, Gayatri. 1988. „Can the Subaltern Speak?" In *Marxism and the Interpretation of Culture*, herausgegeben von Cary Nelson und Lawrence Grossberg, 271–313. Urbana/Chicago: University of Illinois Press.

Vismann, Cornelia. 2011. *Medien der Rechtsprechung*. Frankfurt am Main: S. Fischer.

ALGORITHMEN

REALITÄT/WELT

INSTITUTIONEN

IMMANENTE KRITIK

DIGITALE KULTUREN

GOUVERNEMENTALITÄT

HERMENEUTISCHER WIDERSPRUCH

2

„Die Immanenz selbst": Zu Realität und Kritik algorithmischer Gouvernementalität

Sascha Simons

Die fortschreitende Digitalisierung stellt eine alte Frage mit neuer Dringlichkeit: Wie ist Kritik möglich ohne kritische Distanz? Die folgenden Seiten untersuchen, welche konzeptionellen Ressourcen Luc Boltanskis sozialtheoretische Meta-Kritik bietet, um angemessen auf die soziotechnische Verwobenheit von Kritik und Kritisiertem zu reagieren, die digitale Kulturen prägt. Der Aufsatz berücksichtigt dabei insbesondere Antoinette Rouvroys medientheoretische Gegenwartsdiagnose einer algorithmischen Gouvernementalität, die Boltanskis Argumente prominent aufgreift, aber nicht mit letzter Konsequenz verfolgt. Sie verliert deswegen insbesondere jene Institutionen des

44 Digitalen aus dem Blick, die sich zugleich als maßgebliche Quellen wie primäre Ziele kritischer Interventionen anbieten, und verpasst es somit, das analytische und emanzipative Potential einer immanenten Kritik digitaler Kulturen voll zu entfalten.

Es mangelt nicht an Kritik an und innerhalb von digitalen Kulturen. Einer unübersichtlichen Vielzahl kritischer Interventionen stehen allerdings weitaus weniger Versuche gegenüber, diese vielstimmen Einlassungen theoretisch zu ordnen und etwaige Herrschafts- und Ausbeutungsverhältnisse systematisch zu enthüllen. In den Worten Luc Boltanskis, denen dieser Aufsatz in großen Teilen folgt, kann man den einleitenden Satz daher leicht abwandeln: Digitalen Kulturen mangelt es nicht an Kritik, wohl aber an Meta-Kritik (2010, 24f.).

Dieses Missverhältnis ist kaum erstaunlich, wenn man sich vor Augen führt, dass meta-kritische Ordnungsversuche sich auf mehreren Ebenen angreifbar machen, weil sie immer auch ihren eigenen Rahmen problematisieren und dementsprechend vom eigenen Kontext abstrahieren müssen. Gerade aber weil sich meta-kritische Ansätze daher immer schon ihrer eigenen Position bewusst sind, bieten sie eine wichtige konzeptionelle Ressource für kritische Betrachtungen des Digitalen.

Schließlich wird das wachsende Unbehagen in der digitalen Kultur nicht zuletzt dadurch genährt, dass die gegenwärtigen medialen Milieus keine Außenposition mehr vorsehen und sämtliche Lebensbereiche den Mechanismen einer adaptiven, daten-gestützten Regierungsform unterwerfen, die Antoinette Rouvroy in Anlehnung an Michel Foucault als algorithmische Gouvernementalität bezeichnet (2013, 144; 2011, 121ff.). Um die theoretischen Fallstricke und Möglichkeiten einer dieser soziotechnischen Machtkonstellation angemessenen immanenten Kritik digitaler Milieus auszuloten, sollen daher im Folgenden Rouvroys medienwissenschaftliche und Boltanskis sozialwissenschaftliche Argumentation miteinander verbunden werden. Zunächst müssen die folgenden Seiten aber zeigen, wie sich derartige meta-kritische Interventionen ihrerseits gegen zwei ebenso grundsätzliche wie notorische Einwände verteidigen lassen.

Kritischer Paternalismus

Erstens setzen sich meta-kritische Ordnungsversuche Paternalismus-Vorwürfen[1] aus, weil sie sich zwangsläufig und mitunter in distanzierender oder totalisierender Geste über die Erfahrung und Urteile der Akteure hinwegsetzen (Boltanski 2010, 23). Jede sich als kritisch verstehende Theorie steht somit vor der Wahl, entweder diejenigen zu verraten, deren Position sie im Namen mehr oder weniger allgemeiner Werte stärken möchte, oder sich selbst in politischen Interessens- und Grabenkämpfen zu verfangen, deren Überwindung sie doch als Bedingung emanzipativer Möglichkeiten ausgerufen hat. Ganz zu schweigen davon, dass eine derartige Trennung von Theorie und Praxis Vertrauen in das eigene Schaffen vermissen lässt, weil es unterschlägt, dass kritische Interventionen die Erfahrung der Handelnden durchaus verändern können (ebd., 42f.).

Boltanski möchte dieses Dilemma umgehen, indem er zwar unbeirrt an der Forderung nach einer kritischen Distanzierung

1   Stellvertretend hierfür kann Jacques Rancières ([1983] 2010, 242) Abgesang auf den „Soziologenkönig" Pierre Bourdieu gelten, der soziale Ungleichheit und Unmündigkeit zu entschleiern vorgebe, sie aber tatsächlich im Sinne der eigenen Selbstvergewisserung perpetuiere. Bruno Latour schlägt in dieselbe Kerbe, wenn er dieses Vorgehen als „vampirisch" geißelt ([2005] 2010, 87). Diese Argumentation ist in diesem Zusammenhang nicht nur deswegen repräsentativ, weil sie sich auf vergleichbare, aufklärerische Ansätze – wie etwa den der Kritischen Theorie (Bauer und Bittlingmayer [2000] 2014, 73f.) – übertragen lässt, sondern auch weil Bourdieus Kritische Soziologie die Folie liefert, von der sich Boltanskis pragmatische Soziologie der Kritik seit den 1980er Jahren vehement abgewandt hat (Boltanski und Thévenot [1991] 2007, 26), um sich ihr in den vergangenen Jahren wieder anzunähern (Boltanski 2010, 13).

festhält, diese aber nicht auf die Ansprüche der involvierten
Akteure bezieht, sondern auf die Realität, in der Akteure sich für
ihre Ansprüche rechtfertigen. Hierauf wird zurückzukommen
sein. An dieser Stelle reicht der Hinweis darauf, dass Boltanski die
Soziologie auf eine meta-kritische Stoßrichtung ausrichtet, deren
Impulse von den kritischen Kompetenzen der Handelnden aus-
gehen (ebd., 73ff.). Anstatt aus sicherer Distanz über die soziale
Praxis zu urteilen, müsse die Theorie daher integrieren, „was die
Kritik von außen noch dem Rahmen verdankt, den sie kritisiert"
(ebd., 49).

Mit dieser meta-kritischen Wende hin zu einer *„komplexeren
Innenposition"* (ebd., 49; Herv. i. O.) nähert sich Boltanski einer
revisionistischen Ideologiekritik an, wie sie etwa Rahel Jaeggi
vertritt. Auch sie verortet Kritik innerhalb der Handlungsvollzüge,
in unmittelbarer Nähe zum „Kritisierten (und denen, die diesem
unterworfen sind)" (Jaeggi 2009, 294), und verbindet auf diese
Weise Theorie und Praxis sowie Innen und Außen. Boltanski und
Jaeggi sind sich darüber hinaus auch darin einig, dass Kritik sich
nach dem Verlust ihrer externen Beobachterposition der Aufgabe
stellen müsse, Widersprüche innerhalb der sozialen Praxis zu
entfalten. Nur auf diese Weise könne sie einen unabschließbaren
Emanzipations- und Lernprozess anstoßen, um die buchstäblich
herrschenden Verhältnisse zu überwinden (Jaeggi 2009, 289ff.;
Boltanski, Honneth und Celikates 2009, 114).

Kritik wird hier zum sozialen Wahrnehmungsmedium, das
nicht nur „Herrschaftsverhältnisse noch da aufspürt, wo sie
unscheinbar und fast unsichtbar sind" (Jaeggi 2009, 295),
sondern das einen alternativen Blick auf Phänomene wirft,
deren Unrechts- oder Herrschaftscharakter ganz offensichtlich
ist. Herrschaft wird also nicht lediglich wahrgenommen. Das
transformative Versprechen liegt vielmehr darin, dass Herrschaft
anders wahrgenommen wird als zuvor und folglich auch auf neue
– und insbesondere für die Herrschenden überraschende und
unvorhergesehene – Art und Weise in Frage gestellt werden kann
(Saar 2009, 256).

Kritische Paranoia

Allerdings kann diese kritische Sensibilisierung zweitens paranoide Züge annehmen, wenn sie über das Ziel hinausschießt und „sich … einer Art Enthüllungssucht" hingibt (Boltanski 2010, 169). In diesem Fall verselbstständigt sich die *„Hermeneutik des Verdachts"*, von der kritische Interventionen, wie Jaeggi (2009, 294) in Anlehnung an Ricœur feststellt, stets angetrieben werden, als *„Generalverdacht"* gegen alles und jeden (Boltanski 2010, 169; Herv. i. O.). Wer aber seiner Umwelt mit einem ebenso entgrenzten wie unbestimmten Misstrauen begegnet, wird ob der vermeintlichen Allgegenwart von Herrschaft kaum anders reagieren können als demoralisiert oder nihilistisch. Wenn Kritik die Grenze zur Verschwörungstheorie[2] überschreitet, bleibe von ihr lediglich eine entfremdete Geste übrig, die eine mögliche emanzipatorische Wirkung nicht einfach verspiele, sondern sogar umkehre: „Wer überall Herrschaft am Werk sieht, spielt denen in die Hände, die Herrschaft nirgends sehen wollen" (Boltanski 2010, 78).

Es reiche also nicht, einfach dagegen zu sein, sondern Kritik stehe in der Verantwortung, möglichst präzise bestimmen zu können, wogegen sie sich richtet. Übersetzt in ideologiekritisches Vokabular operiert sie im Modus der bestimmten Negation (Jaeggi 2009, 283). Nur so könne sie individuelle Ohnmachtserfahrungen nicht lediglich ausdrücken, sondern mit kollektiven Handlungsmöglichkeiten verbinden – und schließlich mit der berechtigten Hoffnung auf Veränderung. Daher müsse man Einschränkungen

---

2   Laut Latour trifft auch dies auf den „herausragenden Soziologen" Bourdieu zu (2007, 14), den er immer wieder genüsslich als Antagonisten seiner „Soziologie der Assoziationen" ein- und vorführt ([2005] 2010, 23). Kritischer Paternalismus und kritische Paranoia gehen in dieser – durchaus diskutablen – Sicht Hand in Hand. Interessanterweise wiederholt Latour mit dem Vorwurf der Verschwörungstheorie einen rhetorischen Winkelzug, mit dem Bourdieu sich seinerseits vom kritischen Denken Althussers distanziert hat (Bourdieu und Wacquant 1996, 133).

der individuellen Freiheit, die sich im gemeinsamen Zusammenleben nicht vermeiden lassen, unterscheiden von Formen der Unterdrückung, mit deren Hilfe es einer privilegierten Minderheit gelingt, größere Gruppen zu beherrschen oder gar auszubeuten. Und nur letztere sind Gegenstand der Kritik im Sinne Boltanskis.

Kritik und Institution

Boltanskis Vorschlag beruht auf der zunächst überraschenden Überzeugung, dass Kritik und Kritisiertes sich ebenso wenig voneinander trennen lassen wie Kritik und Affirmation. Aus diesem Grund nimmt er Kritik „in ihrer dialogischen Beziehung zu den Institutionen in den Blick, gegen die sie auftritt" (Boltanski 2010, 13). Dabei vertritt Boltanski einen vergleichsweise offenen, funktional definierten Institutionsbegriff: „Eine Institution ist ein körperloses Wesen, dem die Aufgabe übertragen wurde, zu sagen, was es mit dem, was ist, auf sich hat" (ebd., 117).

Dementsprechend sind Institutionen dafür zuständig, eine sozial verbindliche Realität zu erschaffen und dauerhaft zu behaupten. Hierzu nutzen sie vorrangig zwei Verfahren: Zum einen fixieren sie Richtwerte und Regeln zur Standardisierung und Identifizierung – z.B. von Nationalsprachen, Waren oder Berufsbildern –, die den Zugang zu bestimmten sozialen Bereichen und Positionen reglementieren und als definitorische Grundlage administrativer[3] Sanktionen dienen können. Zum anderen initiieren Institutionen Bestätigungszeremonien und ritualisieren auf diese Weise Zustimmung zum Status Quo.

Sie sorgen somit zwar für die notwendige semantische Sicherheit zur Lösung alltäglicher Konflikte, greifen hierzu aber auch auf

3   Boltanski nimmt eine Art soziale Gewaltenteilung vor, wonach Organisationen koordinierende, Institutionen semantische und Administrationen polizeiliche Funktionen übernehmen. Da allerdings die Nichtbeachtung institutioneller Definitionen Sanktionen nach sich ziehen kann, gehen „[s]emantische und ordnungspolitische Arbeit ... in ihrem Fall Hand in Hand" (Boltanski 2010, 124).

Mittel symbolischer Gewalt zurück, weil ihre konstituierenden **49**
Akte immer auch einen wertenden und letztlich willkürlichen
Charakter haben – wie Boltanski unter anderem am Beispiel der
geographischen Festlegung nationaler Grenzen und der damit
verbundenen staatsbürgerlichen Rechten und Pflichten zeigt
(Boltanski 2010, 122). Für ihn lassen sich Sicherheit und Gewalt
daher nicht grundsätzlich, sondern nur graduell voneinander
trennen. Der Abstand zwischen ihnen ist dabei abhängig
vom Spielraum, den institutionelle Realitätskonstruktionen
Irritationen einräumen.

Realität und Welt

Boltanski setzt an dieser Stelle voraus, dass es etwas geben
muss, was von der institutionell verbürgten Realität nicht erfasst
wird. Für ihn ist dies die Welt, von deren Hintergrund sich die
institutionelle Ordnung der Realität nicht lösen kann. Welt
und Realität verweisen dabei in ähnliche Weise aufeinander
wie mediales Substrat und Form in der Systemtheorie Niklas
Luhmanns (1998, 195ff.):[4] Die Realität kann als bestimmte und
situative Konstellation weltlicher Elemente angesehen werden,
die im Hinblick auf ihre Beständigkeit und Durchsetzungsfähig-
keit arrangiert ist. Während man einen Zustand reiner Welt-
lichkeit bestenfalls imaginieren kann, verwirklicht sich Realität
umgekehrt stets vor dem unbestimmten Möglichkeitshorizont
der Welt.

> Die von der Welt auf die Realität ausgeübte Macht besteht
> ebendarin, dass die Welt Gegenstand unaufhörlicher Ver-
> änderungen ist … . Aber die Welt hat nichts Transzendentes.

---

4   Die Analogie stößt aber insofern an Grenzen, als Luhmann Medium und
    Form in den erkenntnistheoretischen Rahmen seines operativen Kon-
    struktivismus (Luhmann 1996, 14) einbettet, während Boltanski mit der Welt
    einen nicht hintergehbaren ontologischen Grund sozialer Praxis einzieht
    und sich dabei explizit auf Cornelius Castoriadis und Franck Knight sowie
    implizit auf Bruno Latour bezieht (Boltanski, Honneth und Celikates 2009,
    112).

50

Im Gegensatz zur Realität, die oft Gegenstand von (vor allem statistischen) Darstellungen mit dem Anspruch auf überwältigende Autorität ist, ist sie die Immanenz selbst: das, worin jeder sich befindet, soweit er vom *Lebensstrom* erfasst ist, ohne jedoch die darin wurzelnden Erfahrungen unbedingt zu benennen, geschweige denn in bewusste Handlungen umzusetzen. (Boltanski 2010, 93f.; Herv. i. O.)

Die Welt als unerschöpfliche Quelle buchstäblich irrealer Erfahrungen bedroht die institutionelle Deutungshoheit, denn ihre Dynamik und Bedeutungsüberschüsse stellen den Anspruch in Frage, Realität auf Dauer zu garantieren und zugleich „die Welt in ihrer Totalität zu durchleuchten" (ebd., 160). Und genau an dieser sozialontologischen Sollbruchstelle verortet Boltanski die Kritik: „Die Kritik muss gerade die Welt – auch wenn sie schwer zu greifen ist – gegen die Realität stärken" (Boltanski, Honneth und Celikates 2009, 108).

Wenn Kritik auf diese Weise in Frage stellt, dass soziale Wirklichkeit restlos und dauerhaft definiert werden kann, untergrabe sie das Fundament institutioneller Herrschaft. Sie richtet sich somit immer gegen Institutionen und kann trotzdem – oder gerade deshalb – ohne Institutionen nicht sein.

Weil die Realität Stich hält und die institutionellen Dispositive ihr Rückhalt geben, weil Sprecher ihre Notwendigkeit beglaubigen und verfechten, dass sie nichts anderes sei als die Welt, wie sie nun einmal ist und auch nicht anders sein kann, kann die Kritik sich Gegenstände wählen, Ziele setzen und auf meist temporäre Weise unter bestimmte, ihrerseits provisorischen und veränderlichen Schwerpunkten unterschiedliche Akteure in eine Vielzahl von Beziehungen zueinander versetzen, die sich sonst in einer Reihe punktueller Auseinandersetzungen verzetteln würden. (Boltanski 2010, 148)

Die Möglichkeit der Kritik verdankt sich in dieser Perspektive
inneren Spannungen, die zwangsläufig entstehen, weil die körper-
losen Wesen der Institutionen sich verkörpern müssen, um ihre
semantische Funktion ausüben zu können. Denn Repräsentanten,
die situativ in Namen und Auftrag der Institutionen handeln und
kommunizieren, stehen stets im Verdacht, ihren persönlichen
Wünschen, Motiven und Absichten weitaus stärker verpflichtet
zu sein als den Ansprüchen der körper- und interesselosen
Institution. Und dieser Zweifel weitet sich in der Folge aus auf
die „Mittel, über die die Institution verfügt, um sich situativ zu
verwirklichen" (Boltanski 2010, 132). Institutionen verstricken sich
dementsprechend zwangsläufig in einen Widerspruch zwischen
ihrer sozialen Notwendigkeit und ihren praktischen Grenzen, den
sie nicht überwinden, sondern lediglich verdrängen können. Und
dieser hermeneutische Widerspruch öffnet „eine Bresche für die
Kritik" (ebd., 148), deren Aufgabe darin bestehe, die institutionelle
Kohärenz und Durchlässigkeit angesichts der grundsätzlichen
Fragilität der Realität zu prüfen.

So kann die Realität zum einen in reformistischer Absicht an ihren
eigenen Ansprüchen gemessen und auf die damit verbundenen
Versprechen verpflichtet werden – „und dies ist stets der Fall,
wenn jemand sein gutes Recht, die Einhaltung der Vorschrift,
die Beachtung eines eingeführten Verfahrens einfordert" (ebd.,
160), um eine den institutionellen Regularien angemessene
Anerkennung der eigenen Leistungen einzuklagen. Kritik muss
sich aber nicht damit begnügen, Inkohärenzen institutioneller
Verfahren anzuprangern, sondern kann zum anderen die
institutionelle Realität auch radikal in Frage stellen, indem sie
bislang isolierte oder ignorierte weltliche Einflüsse artikuliert und
als gemeinsame Erfahrung kollektiviert.

> Wenn die Kritik unter Rückgriff auf die existentiellen
> Prüfungen den Versuch unternimmt, schmerzhaften
> Erfahrungen wie Verachtung und Verleugnung, mit denen

die Betroffenen bislang ganz für sich allein fertigwerden mussten, öffentliche oder geteilte Resonanz zu verleihen, ist ihr weiteres Ziel, das allgemein akzeptierte Verhältnis von Symbolformen und Sachverhalten aufzulösen. (ebd., 162)

Während Realitätsprüfungen verborgenen Potenzen innerhalb der Realität zu ihrem Recht verhelfen, enthüllen existentielle Prüfungen, dass die Realität weitaus unvollkommener und fragiler ist als es die institutionellen Bestätigungsrituale[5] vermuten lassen.

Digitales Milieu und algorithmische Gouvernementalität

Genau diese Hoffnung auf die institutionelle Fragilität und Durchlässigkeit aber könnte sich als trügerisch erweisen innerhalb digitaler Milieus, die die Unterscheidung zwischen Realität und Welt zunehmend verwischen. Dieser Ansicht ist zum Beispiel Rouvroy, die Boltanskis ontologische Unterscheidung durch das historisch neue Wahrheitsregime des Datenbehaviourismus bedroht sieht. Hierunter versteht sie den Versuch, über die rechnergestützte Akkumulation und instantane Auswertung digitaler Datenmassen, Wissen über Verhaltens- und Entscheidungsmuster zu generieren und somit fortlaufend zukünftige Ereignisse prognostizieren oder wahlweise verhindern zu können, ohne vergangene Ereignisse nachträglich analysieren oder interpretieren zu müssen.

> ‚Data behaviourism' is thus an anticipative coincidence with a ‚real' that it is aimed at preventing and which, if the system works properly, will thus never happen ... or with a ‚real' with

---

5   Boltanski stellt den kritischen Prüfungen *Wahrheitsprüfungen* gegenüber, die danach streben, „einen bestimmten prästabilisierten Stand der Beziehung zwischen Symbolformen und Sachverhalten in stilisierter Form dazulegen und unablässig neu zu bestätigen" (Boltanski 2010, 155).

which it will entertain relations of backwards performativity (or feedback loop performativity). (Rouvroy 2013, 152f.)

Dieser Fokus auf adapative Anpassungen verorte den Datenbehaviourismus innerhalb eines Machtregimes algorithmischer Gouvernementalität, das über die Kontrolle informatorischer und physischer Kontexte[6] Risiken und Unsicherheiten minimiere und auf diese Weise die Zukunft nach dem Prinzip einer *self-fulfilling prophecy* immer auf den eingeschränkten Möglichkeitsraum der Gegenwart verpflichte (Zuboff 2018, 36). Prüfungen im Sinne Boltanskis sind nicht vorgesehen – und erst recht keine existentiellen. Die exklusive Ausrichtung auf operationale Effizienz tilge vielmehr die Distanz zwischen Realität und Welt und mithin die Bedingungen der Möglichkeit von Kritik (Rouvroy 2013, 147).

Kritische Körper und Institutionen der Entschleunigung

Um trotzdem kritische Einsätze zu finden, müsse man sich außerhalb dieser algorithmischen Immanenz bewegen. Und dieses Außen nimmt bei Rouvroy sowohl räumliche als auch zeitliche Dimensionen an. So könne nur Position gegen etwas beziehen, wer über eine lokalisierbare physische Präsenz verfüge. Für Rouvroy stellen die Körper empfindsamer und moralischer Subjekte dementsprechend eine maßgebliche Quelle kritischer Interventionen dar und die algorithmische Rationalität schon allein deswegen vor Probleme, weil diese – ganz buchstäblich – nicht mit physischen Individuen rechne, sondern mit infra-individuellen Daten und supra-individuellen Profilen (2013, 157ff.). Das Kalkül dahinter bestehe darin, die Betroffenen ihrer Körperlichkeit zu berauben und somit der Möglichkeit,

6   Dass nicht das Verhalten selbst reguliert wird, sondern dessen Kontexte, deutet Erich Hörl als Indiz für einen machtgeschichtlichen Umbruch, der maßgeblich kybernetisch motiviert ist (2018, 236ff.). Innerhalb zeitgenössischer digitaler Milieus herrsche eine environmentale Kontrollkultur, die sämtliche Lebensbezüge auf maschinell erfassbare, mathematisch kalkulierbare und ökonomisch verwertbare Relationen reduziere (Hörl 2016, 40).

einen hermeneutischen Widerspruch im Sinne Boltanskis überhaupt erst erfahren zu können. Schließlich zeuge die situative Unwägbarkeit körperlicher Konfrontationen von virtuellen und utopischen Dimensionen menschlicher Existenz, deren subjektivierende Wirkung sich nicht ohne Weiteres gouvernemental tilgen lasse.

Das entscheidende Medium für derartig kritische Subjektivierungsprozesse stelle die Sprache dar, weil sie einen gemeinsamen Grund für die gegenseitige wie selbstreferentielle Adressierung bilde. In diesem performativen Zwischenraum von Subjektivität und Sozialität erscheinen für Rouvroy immer wieder die Bruchstellen zwischen Welt und Realität und mit ihnen neue politische Potenziale jenseits der aktuell herrschenden Grenzen der Repräsentation.[7]

Um solche Subjektivierungsprozesse in Gang zu setzen, müsse der atopische Charakter algorithmischer Gouvernementalität aber auch in zeitlicher Dimension in Frage gestellt werden. Aus diesem Grund möchte Rouvroy juristische, künstlerische und wissenschaftliche Institutionen stärken, die Sand ins Getriebe der algorithmischen Rationalität streuen und somit die reibungslose Reproduktion bestehender Realitäts- und Machtkonstellationen unterbrechen und entschleunigen (2013, 160).

Restaurative Kritik

Auch wenn Rouvroy hier einen interessanten Bogen von der Subjektivierung zurück zur soziologischen Institutionenkritik im Sinne Boltanskis schlägt, kann ihre Darstellung nur teilweise überzeugen. Denn bei ihr werden Institutionen lediglich zur Quelle kritischer Interventionen und nicht, wie von Boltanski vorgeschlagen, gleichermaßen auch zu deren Ziel. Und weil

7 Rouvroys Überlegungen zum sprachlichen Charakter des Gemeinsamen erinnern hier an den von Paolo Virno gezogenen Zusammenhang des sprachlich-kognitiven *General Intellect* mit dem politischen Körper der *Multitude* (2008, 53f.).

sie die dialektische Komplexität der Beziehung von Kritik und Institutionen unterschätzt, nimmt ihre Argumentation trotz anders lautender Beteuerungen restaurative Züge an.[8]

Schließlich garantieren in ihrer Anordnung ausschließlich auch solche Institutionen eine notwendige Widerstandsfähigkeit, die ihrerseits alles andere als unverdächtig sind, symbolische Gewalt auszuüben, um die Herrschaft privilegierter Weniger über subalterne Viele zu realisieren. Eine Stärkung der von Rouvroy geforderten Institutionen der Entschleunigung ist daher im Sinne von Boltanskis Diktum – „starke Institutionen sind schlechte Institutionen" (Boltanski, Honneth und Celikates 2009, 104) – nur dann zu begrüßen, wenn sie die Realität fragiler machen, nicht aber, wenn sie eine gegenwärtig herrschende Realität durch eine historisch ältere ersetzen.

Dabei muss man Rouvroy gar nicht absprechen, dass etwa juristische Subjektivierungsweisen einen größeren Möglichkeitsraum öffnen als algorithmische. Aber selbst falls dies der Fall ist, ist der Weg zurück zu einem algorithmisch unbefleckten „government by law" (Rouvroy 2013, 161) weder gangbar noch wünschenswert. Schließlich ist nur schwer vorstellbar, dass die algorithmische Gouvernementalität nicht längst schon auch jene Szenen durchdringt, die laut Rouvroy eine kritische Außenperspektive ermöglichen sollen.[9]

---

8   Grundsätzlich spricht nichts dagegen, sich zur Erweiterung des kritischen Handlungsspielraums auch in der Vergangenheit zu bedienen. Angesichts der von Rouvroy eindrücklich geschilderten Herausforderungen dürfte es aber nicht ausreichen, restaurative Rückzugsgefechte zu führen. Dass zum Beispiel ausgerechnet die Sprache das Mittel der Wahl sein soll, um die Grenzen der algorithmischen Realität aufzuzeigen, scheint aus der Perspektive kulturwissenschaftlicher Performanz-Theorien zu schön, um wahr zu sein. Auch ihr Optimismus hinsichtlich der Inkommensurabilität körperlicher Präsenz könnte angesichts von Versuchen, sowohl die Bewegungen von als auch die Lebens- und Nervenströme innerhalb menschlicher Körper digital zu erfassen, sehr schnell enttäuscht werden.

9   Angesichts der Eigendynamik sowie der ökonomischen, kulturellen und sozialen Effekte technologischer Beschleunigung weist Hartmut Rosa (2005,

Dies verweist auf eine weitere Schwäche von Rouvroys Strategie: Da sie gar nicht erst versucht, eine Kritik von innen zu entfalten, setzt sie sich notgedrungen den zu Beginn des Aufsatzes referierten Paternalismus- und Paranoia-Vorwürfen aus. Die Option immanenter Kritik wiederum entgeht ihr, weil sie sich zwar auf Boltanskis Unterscheidung von Welt und Realität beruft, sie aber nicht präzise genug wiedergibt.

> ‚Reality' … does not seem to be produced anymore, but is always already there, immanent to the databases, waiting to be discovered by statistical algorithmic processes. Knowledge is not produced *about* the world anymore, but *from* the digital world. A kind of knowledge that is not tested-by or testing the world it describes and emanates from: algorithmic reality is formed inside the digital reality without any direct contact with the world it is aimed at representing. (Rouvroy 2013, 147; Herv. i. O.)

Zum einen klärt Rouvroy nicht, worin sich algorithmische und digitale Realität unterscheiden. Falls, wie das Zitat nahelegt, die digitale Realität als Medium im Sinne Luhmanns fungiert, in dem die algorithmische Realität Form gewinnt, so stellt sich die Frage, warum Rouvroy diese Unterscheidung an keiner anderen Stelle mehr aufgreift. Zudem ist nicht klar, in welcher Beziehung wiederum algorithmische und digitale Realität zur Welt stehen. Insbesondere wäre es interessant zu erfahren, ob die digitale Realität einen direkten Kontakt zur Welt hat und unter welchen Umständen dieser Kontakt schließlich verloren geht.

Zum anderen wird nicht geklärt, ob und inwiefern sich digitale Realität und digitale Welt voneinander unterscheiden. Falls hier lediglich eine semantische Ungenauigkeit vorliegen sollte und

254) darauf hin, dass ein Fortbestehen derartiger Entschleunigungsoasen mit individuellen Kosten bzw. erheblichem politischem Aufwand verbunden ist.

Rouvroy in beiden Fällen von digitaler Realität sprechen möchte, stellen sich erneut die oben formulierten Fragen. Wenn die digitale Welt aber wiederum einen Teil der Welt darstellen soll, dann widerspricht diese Binnendifferenzierung Boltanskis These von der dynamischen Formlosigkeit der Welt.

Umgekehrt würde es für Boltanski überhaupt kein Problem darstellen, wenn die Realität ihr Wissen aus der Welt („from") bezieht und nicht über sie („about"), wie Rouvroy beklagt. Denn anders als von Rouvroy implizit vorausgesetzt befindet sich die Welt für ihn ja nicht außerhalb der Realität, sondern ganz im Gegenteil versteht er Welt als „die Immanenz selbst" (Boltanski 2010, 93f.). Deswegen muss eine Kritik, die „gerade die Welt … gegen die Realität stärken" soll (Boltanski, Honneth und Celikates 2009, 108), die Widersprüche der jeweiligen Realität von innen entfalten. Und genau diese Chance verspielt Rouvroy, indem sie die Unterscheidung von Welt und Realität leicht, aber entscheidend modifiziert.

Institutionen algorithmischer Gouvernementalität

Wie aber könnte eine Kritik algorithmischer Gouvernementalität aussehen, die sich stärker an Boltanski orientiert? Sie würde erstens nicht nach dem Außen digitaler Milieus suchen, sondern nach der Möglichkeit ihrer immanenten Kritik. Sie würde zweitens ihre Kraft nicht nur aus Institutionen speisen und diese in die Pflicht nehmen, den reibungslosen Einsatz algorithmischer Rationalität zu stören, sondern sie würde sich immer zugleich auch auf und gegen diese Institutionen richten. Das bedeutet in der Summe drittens, dass sie sich auf und gegen Institutionen richtet, die den digitalen Milieus selbst zuzurechnen sind und die Realität der algorithmischen Gouvernementalität verbürgen.

Sie würde somit Rouvroys Ausgangsthese in ein anderes Licht stellen. Zur Erinnerung: Laut Rouvroy entzieht sich die algorithmische Realität kritischen Prüfungen. Und neben ihren durchaus überzeugenden Belegen lassen sich ohne große Mühe weitere Indizien für diese Diagnose finden: So spricht zum Beispiel das langjährige Facebook-Mantra – „move fast and break things" – Bände über die disruptiven Praktiken des Silicon Valley-Kapitalismus, die etablierte kulturelle, ökonomische und rechtsstaatliche Institutionen nachhaltig geschwächt haben. Aber diese anti-institutionelle Verflüssigungstendenz ist keine vollkommen neue Entwicklung und auch von Boltanski in ähnlicher Form, wenn auch nicht ausdrücklich mit Blick auf digitale Medientechnologie und -ökonomie, als managementkonformer Herrschaftsmodus beschrieben worden (Boltanski 2010, 185ff.).

In diesem für die gegenwärtigen Demokratien prägenden politischen Regime wird die Herrschaft ebenfalls nicht durch institutionelle Stabilität gesichert, sondern durch „einen Prozess permanenter *Veränderung* …, der als *unausweichlich* und zugleich als *wünschenswert* ausgegeben wird" (ebd., 188; Herv. i. O.) und im Wesentlichen nicht von den institutionellen Repräsentanten selbst, sondern von wissenschaftlichen und technischen Experten begleitet, interpretiert und gerechtfertigt wird. Auch hier entzieht der unausgesetzte Wandel den kritischen Prüfungen den Boden oder verleibt sich diese Prüfungen gleich zum eigenen Nutzen ein. Auch hier werden die Unterschiede zwischen Welt und Realität vermeintlich getilgt und der hermeneutische Widerspruch in einem historisch neuen Ausmaß kaschiert (ebd., 199f.).

Und nichtsdestotrotz läuft Boltanskis Projekt auf den Aufruf hinaus, trotzdem immer weiter nach existentiellen Prüfungsformen zu forschen, deren Artikulation in der jeweils herrschenden Realität noch nicht vorstellbar ist. Nichtsdestotrotz gibt es für ihn keine Alternative dazu, den hermeneutischen Widerspruch immer wieder aufs Neue vernehmbar zu machen und zu halten:

> so dass jeder lernen würde, ihm ins Gesicht zu schauen –
> und dies weniger, um ihn zu überwinden, als um sich daran

zu gewöhnen, mit ihm zusammen, das heißt gemeinsam,
in einem Zustand des grundsätzlich Unstabilen, Zerbrech-
lichen, zu leben. (ebd., 221)

Dieses bescheiden formulierte, aber überaus anspruchs-
volle Ziel kann allerdings nur erreicht werden, wenn man die
„Faktizität der Institutionen"[10] grundsätzlich anerkennt, und
genau in diesem Punkt offenbart Rouvroys Boltanski-Lektüre
eine entscheidende Schwäche. Denn sie stellt gar nicht erst
die Frage, welche Institutionen die von ihr kritisierte algorithmische Gouvernementalität Realität werden lassen, sondern
betont im Gegenteil sogar den vermeintlich atopischen Charakter dieser Realität (Rouvroy 2013, 148). In diesem Moment
geht sie, salopp gesagt, der oben beschriebenen Strategie der
herrschenden Institutionen auf den Leim, den hermeneutischen
Widerspruch zum Verschwinden zu bringen, indem sie sich
selbst zum Verschwinden bringen. Juristische, künstlerische
oder wissenschaftliche Institutionen zu stärken, in der Hoffnung,
dadurch die herrschende Herrschaftsform für kritische Möglichkeitsräume zu öffnen, bleibt ein gut gemeintes, aber wenig
erfolgversprechendes Vorhaben, solange nicht auch diejenigen
Institutionen adressiert werden, die bestimmen, *was es mit dem
was algorithmisch ist, auf sich hat.*

Gerade eine medientheoretisch informierte Aneignung sozial-
theoretisch motivierter Kritik sollte daher berücksichtigen, dass,
wann, wo und wie sich algorithmische Gouvernementalität ver-
körpert: sei dies in infrastruktureller und apparativer Hardware,
Codes und Protokollen, Geschäftseinheiten und -modellen,
Gesetzesinitiativen und Patenten, aber auch aisthetischen und
moralischen Adressierungsformen. Erst dann kann in konkreten
Situationen und anhand kollektiver Praktiken geprüft werden,

10   Erst wenn man somit anerkennt, dass „sie gemacht sind", um notwendige,
      „mehr oder minder gut geratene Arrangements zwischen temporären
      Wesen" zu ermöglichen, und dass „ihr Schicksal an das der Kritik gebunden
      ist", kann man die Institutionen auch verbessern (Boltanski 2010, 224f.).

 ob die Realität algorithmischer Gouvernementalität sich durchlässig zeigt für ihre immanenten Widersprüche oder den Kontakt zur Welt aufgegeben hat. Erst in dialektischer Spannung zu ihren Institutionen kann Kritik, wie oben proklamiert, zum sozialen Wahrnehmungsmedium werden, um Machtverhältnisse anders als bisher wahrzunehmen und mit bislang unartikulierten kollektiven Handlungsmöglichkeiten zu verbinden. Erst in der Form bestimmter Negation entfaltet die Verbindung aus medientheoretischem Wissen und sozialtheoretischer Normativität ihr volles analytisches und emanzipatives Potential, das die digitalen Herausforderungen der Gegenwart so dringlich einfordern.

Literatur

Bauer, Ullrich und Uwe H. Bittlingmayer. (2000) 2014. „Pierre Bourdieu und die Frankfurter Schule: Eine Fortsetzung der Kritischen Theorie mit anderen Mitteln?" In *Bourdieu und die Frankfurter Schule: Kritische Gesellschaftstheorie im Zeitalter des Neoliberalismus*, herausgegeben von Ullrich Bauer, 48–81. Bielefeld: Transcript.

Boltanski, Luc. 2010. *Soziologie und Sozialkritik: Frankfurter Adorno-Vorlesungen 2008*. Berlin: Suhrkamp.

Boltanski, Luc, Axel Honneth und Robin Celikates. 2009. „Soziologie der Kritik oder Kritische Theorie: Ein Gespräch mit Robin Celikates". In *Was ist Kritik?*, herausgegeben von Rahel Jaeggi und Tilo Wesche, 81–114. Frankfurt am Main: Suhrkamp.

Boltanski, Luc und Laurent Thévenot. (1991) 2007. *Über die Rechtfertigung: Eine Soziologie der kritischen Urteilskraft*. Hamburg: Hamburger Edition.

Bourdieu, Pierre und Loïc J. D. Wacquant. 1996. „Die Ziele der reflexiven Soziologie: Chicago-Seminar, Winter 1987". In *Reflexive Anthropologie*, herausgegeben von Pierre Bourdieu und Loïc J. D. Wacquant, 95–249. Frankfurt am Main: Suhrkamp.

Hörl, Erich. 2016. „Die Ökologisierung des Denkens". *Zeitschrift für Medienwissenschaft* 14: 33–45.

Hörl, Erich. 2018. „Die environmentalitäre Situation: Überlegungen zum Umweltlich-Werden von Denken, Macht und Kapital". *Internationales Jahrbuch für Medienphilosophie* 4 (1): 221–50.

Jaeggi, Rahel. 2009. „Was ist Ideologiekritik?" In *Was ist Kritik?*, herausgegeben von Rahel Jaeggi und Tilo Wesche, 266–95. Frankfurt am Main: Suhrkamp.

Latour, Bruno. 2007. *Elend der Kritik: Vom Krieg um Fakten zu Dingen von Belang*. Zürich/ Berlin: Diaphanes.

Latour, Bruno. (2005) 2010. *Eine neue Soziologie für eine neue Gesellschaft: Einführung in die Akteur-Netzwerk-Theorie*. Frankfurt am Main: Suhrkamp.

Luhmann, Niklas. 1996. *Die Realität der Massenmedien.* Wiesbaden: VS Verlag für Sozialwissenschaften.

Luhmann, Niklas. 1998. *Die Gesellschaft der Gesellschaft.* Frankfurt am Main: Suhrkamp.

Rancière, Jacques. (1983) 2010. *Der Philosoph und seine Armen.* Wien: Passagen Verlag.

Rosa, Hartmut. 2005. *Beschleunigung. Die Veränderung der Zeitstrukturen in der Moderne.* Frankfurt am Main: Suhrkamp.

Rouvroy, Antoinette. 2011. „Technology, Virtuality, and Utopia: Gouvernmentality in an Age of Autonomic Computing". In *Law, Human Agency, and Autonomic Computing: The Philosophy of Law Meets the Philosophy of Technology,* herausgegeben von Mireille Hildebrandt und Antoinette Rouvroy, 119–40. Oxon/New York: Routledge.

Rouvroy, Antoinette. 2013. „The End(s) of Critique: Data Behaviourism versus Due Process". In *Privacy, Due Process and the Computational Turn. The Philosophy of Law Meets the Philosophy of Technology,* herausgegeben von Mireille Hildebrandt und Katja de Vries, 143–67. London/New York: Routledge.

Saar, Martin. 2009. „Genealogische Kritik". In *Was ist Kritik?,* herausgegeben von Rahel Jaeggi und Tilo Wesche, 247–65. Frankfurt am Main: Suhrkamp.

Virno, Paolo. 2008. *Grammatik der Multitude. Mit einem Anhang: Die Engel und der General Intellect.* Wien: Turia und Kant.

Zuboff, Shoshana. 2018. *Das Zeitalter des Überwachungskapitalismus.* Frankfurt am Main/New York: Campus Verlag.

KRITIK

BLACK BOX

ORGANISATION

REPRÄSENTATION

DIGITALE KULTUREN

Determinismus und Immanenz: Zur Kritik der Organisation in digitalen Kulturen

Timon Beyes

Digitale Medien verschärfen ein altes, organisationales Medienverständnis: Medien sind Materialien der Ordnung und des Managements von Zeit, Raum und Macht. Die Kritik der Konstitution und Effekte digitaler Kulturen nimmt damit die Form einer Medienorganisationskritik an. Der Beitrag umreißt dieses organisationale Apriori kritischer Analyse und seine Implikationen. Welche Reflexions- und Darstellungsweisen stehen nun einer Medienorganisationskritik zur Verfügung, die sich selbst als medial bedingt begreift? Anhand von Beispielen aus Literatur, Theater und bildender Kunst skizziert der Essay Möglichkeiten einer Poetik des Organisierens in digitalen Kulturen und ihrer Verbindung deterministischer und immanenter Prinzipien der Kritik.

1

Kritisches Denken, schreibt der Soziologe Didier Eribon (2018), verknüpft zwei vermeintlich gegenläufige Prinzipien. Einerseits verfolgt es das Prinzip des Determinismus, um die Mechanismen herauszuarbeiten, die menschliches Leben und seine kollektiven Formen prägen und bestimmen. Andererseits setzt es das Prinzip der Immanenz ins Werk, mit dem die determinierenden Mechanismen in ihrer gesellschaftlichen und historischen Produktion und daher Bedingtheit zu verstehen sind. Indem Eribon einerseits auf der Notwendigkeit der Analyse determinierender Kräfte, andererseits auf ihrer Gemachtheit und Kontingenz beharrt und das kritische Denken somit auf Immanenz verpflichtet, entledigt er sich des vermeintlichen Gegensatzes „der von außen oder von innen eindringenden Erkenntnis" (Adorno 1963, 24) sowie der Diagnosen des Niedergangs oder der Unmöglichkeit kritischer Analyse.[1] Die Kritik des Sozialen arbeitet in dieser Lesart immanent, um determinierende Mechanismen herauszuarbeiten und als änderbar zu begreifen. Sie ist immer möglich und prinzipiell jedem zugänglich, gerade weil sie eng (und immanent) an gesellschaftliche Konflikte, soziale Bewegungen und emanzipatorische Anliegen geknüpft ist.

2

Mit Blick auf die Gegenwart digitaler Kulturen, also der allgegenwärtigen, selbstverständlich gewordenen und zu einem guten Teil

---

1 Eribons Heuristik, die insbesondere in *Rückkehr nach Reims* eine beeindruckende Form annimmt, erinnert an Adornos Dialektik von transzendenter und immanenter Kritik: „Der dialektische Kritiker der Kultur muss an dieser teilhaben und nicht teilhaben" (Adorno 1963, 25). Freilich fehlt bei Eribon das transzendental und deterministisch anmutende Pathos der Vergeblichkeit, der zufolge immanenter Kritik „am Ende … von ihrem Gegenstand in den Abgrund gerissen wird" (26). Zum Missvergnügen an den melancholischen Diagnosen von Niedergang, Ende oder Vergeblichkeit der Kritik siehe Rancière (2009).

unsichtbaren Computerisierung des alltäglichen Lebens, seinen Räumen, Körpern und Praktiken, ist diese Heuristik medientechnologisch zu erweitern. Digitale Medien bestimmen einerseits unsere Lage und werden so zu einem determinierenden Mechanismus. Andererseits sind sie historisch kontingent: Was mit ihnen gemacht wird und was aus ihnen wird, ist nicht determiniert, sondern umkämpft. Dann aber ist ein kritisches Denken in digitalen Kulturen bzw. sind die Prinzipien Eribons mit einer neuen Qualität von Fragen der Unsichtbarkeit, Inkommensurabilität und Nicht-Repräsentierbarkeit der medientechnischen Apparate konfrontiert (Bernard, Koch und Leeker 2018). Die das Leben durchdringende Ubiquität des „totale[n] Medienverbund[es] auf Digitalbasis" (Kittler 1986, 8) und seiner ununterbrochenen, menschlicher Wahrnehmung entzogenen Prozesse des Zählens, Indizierens, Verknüpfens bzw. Manipulierens von Datenmassen verschärfen das alte Problem der Black Box (Galloway 2011a). Die technischen Operationsweisen sind menschlichem Nachvollzug nicht zugänglich und können nicht transparent gemacht oder enthüllt werden. Wie kann eine Kritik des Sozialen bzw. des Soziotechnischen dann immanent verfahren, um determinierende Mechanismen zu erkennen? Und wie steht es um die Möglichkeiten der Veranschaulichung und kritischen Repräsentation eines Medienverbundes, in dem „das absolute Wissen als Endlosschleife" läuft (Kittler 1986, 8)?

3

Wie Kathrin Passig anmerkt, war die Undurchschaubarkeit von Black Boxes noch nie ein Ausschlusskriterium für Erkenntnisgewinn: „Erklärungslücken halten uns nicht davon ab, unser Gehirn zu nutzen" (2017, 29). Vielmehr ist die Positionierung eines undurchsichtigen technischen Gerätes als Black Box, dessen innere Funktionsweise opak ist, die Grundlage einer einflussreichen epistemologischen Denkrichtung, der zufolge kein Sichtbarmachen der inneren Beschaffenheit einer Black Box mehr erforderlich ist und Analysen und Beurteilungen allein auf Basis ihres beobachtbaren Verhaltens vorgenommen werden können. Die von Peter Galison (1994) so bezeichneten „manichäischen Wissenschaften" der Kybernetik, des Operations Research und der Spieltheorie basieren auf dieser Grundannahme der Undurchsichtigkeit des Anderen und beziehen gerade daraus ihre Imaginäre und Modelle der Kontrolle und Vorhersage. Die Black-Box-Epistemologie verändert das Vorgehen kritischer Analyse: Einsicht in die inneren Operationsweisen von technischen und sozialen Objekten ist nicht möglich; die Perspektive verschiebt sich auf die Bedingungen, unter denen diese Objekte operieren, und die Effekte, die sie zeigen.

4

Wenn es um die Bedingungen geht, unter denen medientechnologische Digitalität operiert, und um die Effekte, die sie zeigt, dann lässt sich über ein organisationales Apriori kritischer kulturwissenschaftlicher Medienforschung in nun digitalen Kulturen spekulieren (Beyes 2020). Wie John Durham Peters zeigt, aktualisieren und verschärfen digitale Medien ein altes, organisationales Medienverständnis: Medien sind „materials to manage time, space and power" (2015, 20). Nicht Botschaften und Bedeutungen sind, was Medien emittieren, sondern Macht und Organisation: „Digital media revive ancient navigational functions: they point us in time and space, index our data, and keep us on the grid" (ebd., 7). „Media organize", Medien organisieren, so hat Reinhold Martin es bündig (und Kittler paraphrasierend) formuliert (2003, 15). Die Doppeldeutigkeit, die insbesondere in der Übersetzung „Medien organisieren" anklingt, verweist auf ein Verhältnis wechselseitiger Bedingtheit: Technische Medien organisieren, und sie müssen organisiert werden. Die medientechnologische Prägung des Sozialen genauso wie die Entwicklung und Anwendung medientechnologischer Apparaturen erfordert die Erkundung organisationaler Gefüge und ihrer Prozesse des Organisierens und Organisiert-Werdens (Conrad und Beyes 2018).

5

Es ist vor diesem Hintergrund wohl kein Zufall, dass Figur und Epistemologie der Black Box auch in der Organisationsforschung einen prominenten Stellenwert einnehmen. Das beginnt mit Galisons manichäischen und eng mit dem militärischen Kontext verbundenen Wissenschaften von Kybernetik, Operations Research und Spieltheorie, die aus historischer Sicht zu grundlegenden Theorierichtungen der Organisationsforschung zählen. Auch jüngere, prozesstheoretisch grundierte Ansätze der Organisationssoziologie operieren mit der kybernetischen Figur der Black Box, um deutlich zu machen, dass die soziale Form der Organisation auf Undurchschaubarkeit und Opazität beruht. So ist der systemtheoretischen Soziologie unter direktem Rekurs auf kybernetisches Denken nach die Emergenz der sozialen Form der Organisation der fundamentalen Kontingenz menschlicher Beziehungen geschuldet; die Routinen und Entscheidungsprogramme in Organisationen sind dann dieser Kontingenz abgetrotzte Prozesse, die so etwas wie kollektive Entscheidungen überhaupt erst ermöglichen (Luhmann 2000; Baecker 1999). Das heißt aber auch, dass das konventionelle Verständnis von Organisation als vermeintlich stabilem und klar repräsentierbarem Container (mit seinen Organisationszwecken, Hierarchien und Mitgliedschaftsverhältnissen) zugunsten einer Beschäftigung mit multiplen, mehr oder weniger instabilen und umkämpften Organisationsprozessen in den Hintergrund rückt. Organisieren wird zum stets fragilen Gewinnen von Ordnung aus Unordnung und Desorganisation. Kybernetisch gedacht, wird sie zu *cyborganization*, „[w]here organization is the construction and maintenance of pattern, form, out of chaos, dissipation, the continuous work of maintaining pattern in a continually dissolving world" (Parker und Cooper [1998] 2016, 242). Die Absage an die ontologische Setzung der Organisation als stabile und klar repräsentierbare soziale Form problematisiert dann ihrerseits die Sicht- und Repräsentierbarkeit solcher Ordnungsmodi oder Organisationsprozesse, allzumal in Zeiten ihrer ubiquitären medientechnologischen Verfasstheit. „We can never see the organization, but only catch fragmentary signs of its presence" (Parker 2015, 100).

6

Damit ist eine mögliche Antwort auf die Frage danach, wie eine Kritik der soziotechnischen Konstitution digitaler Kulturen verfahren kann, bereits skizziert: als Medienorganisationskritik. Eine als Organisationskritik verstandene Medienkritik verfügt über eine Herangehensweise und ein Vokabular, das Eribons Verflechtung der deterministischen und immanenten Prinzipien kritischer Analyse Rechnung zu tragen scheint. Die determinierende Kraft digitaler Medien wird anhand ihrer Organisationseffekte beschrieben und der kritischen Analyse zugänglich gemacht. Indem digitale Medien ihrerseits als organisiert und in Organisationskontexte eingebettet betrachtet werden, wird darüber hinaus zumindest angedeutet, dass ihre Entwicklung kontingent ist, anders hätte verlaufen können und noch anders verlaufen kann. Mit Blick auf Formen und Prozesse der Organisation existiert ein reichhaltiges Feld der kritischen Auseinandersetzung mit und in digitalen Kulturen. Dieses Feld lässt sich schematisch in vier Zugänge ordnen (Beyes 2020): erstens Arbeiten zum Aufstieg computerisierter Organisationsprozesse, des *algorithmic management* und der *algorithmic governance* sowie ihrer Konsequenzen für „digitale Arbeit"; zweitens Studien einer neuen topologischen Form der Organisation, wie sie etwa unter dem Begriff des Plattformkapitalismus und seiner Effekte durchgeführt werden; drittens Konzepte eines neuen institutionellen Regimes oder Organisationskomplexes namens Überwachungskapitalismus, *internet-industrial complex* oder *security-entertainment complex*, der die soziale Welt mittels computerisierter Wertschöpfungs- und Verhaltenssteuerungsprozesse bestimmt oder gar eine Art Menschenjagdregime ins Werk setzt; und nicht zuletzt – viertens – die vielfältigen Experimente mit alternativen und aktivistischen

Organisationsprozessen, seien es emanzipatorisch gesinnte
orgnets, demokratischen Besitzverhältnissen verpflichtete Spielarten des *platform cooperativism* oder der Aufschwung neuer
geheimer Gesellschaften, die sich dem „totalen Medienverbund auf Digitalbasis" (Kittler) über Anonymisierung und Ver-
schlüsselung von Organisationsprozessen zu entziehen suchen.

7

Die Frage nach der Sichtbarmachung und Repräsentation oder
Nicht-Repräsentierbarkeit automatisierter und menschlicher
Wahrnehmung entzogener Organisationsprozesse ist damit
noch nicht adressiert. Sie wird in den angesprochenen Zugängen
einer Medienorganisationskritik auch kaum gestellt. Dagegen
ist zunächst einmal nichts einzuwenden: Es ist die Stärke der
Analyse einer neuen Topologie organisationaler (Platt-)formen
(Srnicek 2017) oder eines institutionellen Regimes des Überwachungskapitalismus und seiner Wertschöpfungslogik (Zuboff
2019), dass die ökonomischen, sozialen und politischen Konsequenzen medientechnisch kodierter Organisationsprozesse
in aller Schärfe thematisiert und diskutierbar werden. Allerdings wird hier im Gewand konventioneller Organisationskritik
(und ihrer Sprecherposition) operiert – also ohne Reflexion
auf die Black Box der eigenen medialen und organisationalen
Verfasstheit, die denselben medienorganisationstechnischen
Bedingungen unterliegt. Im Sinne von Eribons Privilegierung des
Prinzips der Immanenz bleibt dann zu fragen, welche Reflexions-
und Darstellungsweisen einer Medienorganisationskritik zur
Verfügung stehen, die sich selbst als medial bedingt begreift.
Mir scheint, dass sich mögliche Antworten eher abseits des
akademischen Betriebs oder in den Grenzbereichen zwischen
universitärer Forschung, Aktivismus und Kunst finden lassen.
Zum einen sind hier die bereits erwähnten mannigfaltigen Versuche zu nennen, sich interventionistisch und aktivistisch zu
organisieren und dabei mit den infrastrukturellen Bedingungen
digitaler Kulturen zu experimentieren und die medientechnische

Black Box zu reprogrammieren (z.B. Apprich et al. 2013; Coleman 2014; Nunes 2014; Brunton und Nissenbaum 2015; Scholz und Schneider 2016; Lovink und Rossiter 2018). Zum anderen sind es künstlerische Reflexionen, die auf ihre jeweilige Weise das Verhältnis von digitalen Medien und Organisation zum Material der Kunst machen. In diesem Kontext sind insbesondere Praktiken einer „Mimesis des Gegebenen" (Foster 2017, 78) für das Potential einer immanenten Kritik unter den Bedingungen der medientechnischen und organisationalen Black Boxes von besonderem Interesse. Damit verschiebt sich die Aufmerksamkeit auf eine Medienästhetik, die organisationsästhetisch verfährt, indem sie mit Möglichkeiten der Sichtbarmachung und Erfahrbarkeit von medientechnischen Organisationsprozessen experimentiert.

8

In *Are Some Things Unrepresentable?* hat Alexander Galloway (2011b) diesen Einsatz in einer Auseinandersetzung mit dem gleichnamigen Aufsatz von Jacques Rancière (2007) beispielhaft reflektiert. Grob zusammengefasst führen Postulate von Undarstellbarkeit und Nicht-Repräsentierbarkeit für Rancière in die Irre. Ästhetische Operationen der Neuverteilung dessen, was sicht-, fühl- und sagbar ist, und damit neue Erfindungen der Präsentation und Verknüpfung von Texten, Bildern, Objekten und Tönen sind immer möglich. Wer Nichtdarstellbarkeit konstatiert, verhindert diese Möglichkeiten im Namen einer polizeilichen Sprecherposition, die das Feld des Sicht- und Sagbaren zu kontrollieren sucht. Warum aber, so Galloway mit und gegen Rancière, nutzen Darstellungen von Informationsnetzwerken stets dieselbe visuelle Sprache? Daten haben keine visuelle Form und sind in diesem Sinn nicht repräsentierbar. Sie sind in Information zu übersetzen, um sichtbar zu werden – und diese Übersetzungen gehorchen (auch in kritischer Absicht) einem einheitlichen Set ästhetischer Codes. Es braucht damit, so lässt sich mit Rancière und Galloway schließen, die Erfindung alternativer Ästhetiken der Organisation – Galloway (2011b, 99) spricht von

einer „poetics for this mysterious new machinic space" –, um
Medienorganisationsprozesse und -komplexe anders zu ver-
anschaulichen und erfahrbar zu machen.

9

Welche Formen kann eine Organisationspoetik des maschinischen Raums annehmen? Das erste Beispiel ist eine
Organisationsanthropologie im Gewand eines Romans. „U",
der Protagonist von Tom McCarthys *Satin Island* (2015), ist von
Haus aus Anthropologe, der zum Unternehmensethnograph
wird, indem er bei einer Londoner Beratungsfirma anheuert.
Dort soll er den „Großen Bericht" über die Gegenwart, und was
sie zusammenhält, schreiben. Natürlich scheitert U. Und den
Ethnographen beschleicht ein schwerwiegenderer Verdacht: Es
ist nicht so, dass der Bericht nicht geschrieben werden kann; er
wird sogar kontinuierlich geschrieben – nicht allerdings von Feld-
forscherinnen, Anthropologen oder Soziologinnen, sondern von
einem Software-Verbund, in dem, in Kittlers Worten, das absolute
Wissen als Endlosschleife läuft:

> Schreib alles auf, hat Malinowski gesagt. Aber die Sache ist,
> dass inzwischen alles schon aufgeschrieben *ist*. Es gibt kaum
> einen Moment unseres Lebens, der nicht dokumentiert wird.
> … Selbst wenn Sie auf *Löschen, Deinstallieren, Papierkorb
> leeren* drücken, wird es dennoch irgendwo hinterlegt, in
> irgendeinem Ordner oder einer Datenenklave, auf irgend-
> einer verstopften Allee im Schaltkreis. Nichts verschwindet,
> nie. … Der wirklich erschreckende Gedanke war nicht, dass
> der Große Bericht vielleicht nicht zu schreiben war, sondern
> – ganz im Gegenteil –, dass er bereits *geschrieben worden war*.
> Weder von einer bestimmten Person, noch durch irgendeine
> ruchlose Verschwörung, sondern schlicht und einfach von
> einem neutralen und indifferenten Binärsystem, das aus sich
> selbst heraus entstanden war, das sich selbst antrieb und
> verewigen würde … Und dass wir, weit entfernt davon, seine

Urheber oder Administratoren oder auch nur seine Sklaven
zu sein …, nichts weiter wären als Aktionen und Anweisungen
innerhalb eines Codesystems. Der Große Bericht, wäre er
einmal in der Welt, würde von diesem Zeitpunkt an schon
immer existiert haben, seit uralten Zeiten; und nichts
anderes würde mehr zählen. Aber wer könnte ihn lesen?
Aus welcher Perspektive … könnte er begutachtet, geprüft,
interpretiert werden? Von keinem, natürlich: von nichts und
niemandem. Nur eine andere Software könnte das leisten.
(McCarthy 2015, 158–59; Herv. i. O.)

Es macht aus organisationstheoretischer Sicht die Brillanz des
Romans aus, dass er seinen Anthropologen nicht nur mit der
deterministischen Logik der undurchschaubaren Aufschreibe-
apparatur eines digitalen Medienverbundes, sondern auch mit
der Black Box der mit ihr verknüpften Organisationsprozesse
konfrontiert. Es ist naheliegend, in U einen Wiedergänger von K
zu erkennen, den Kafka in die Undurchdringbarkeit und Kontingenz vermeintlich rational-bürokratischer Ordnung und
Organisation schickte. U hingegen, weggepflückt „von den
sterbenden Ästen der Almer Mater", ist im „fiebrigen Treibhaus"
(ebd., 36) der Organisation in digitalen Kulturen gelandet. Im
englischen Original ist das gesprochene „U" natürlich als „you"
zu lesen – der *corporate anthropologist* darf als ein Jedermann
verstanden werden, der exemplarisch für die – im Roman vergleichsweise privilegierten, sonst zusehends prekären – Arbeits-
bedingungen in der digitalen Ökonomie steht. In der Darstellung
der namenlosen Beratungsfirma im Roman erfährt man fast
nichts über Hierarchien, Strukturen, Entscheidungswege,
die klassischen Merkmale formaler Organisation. McCarthy
stellt technologische Infrastrukturen, Objekte und mediale
Atmosphären in den Vordergrund. So ist eine der narrativen
Achsen des Romans das „Koob-Sassen-Projekt". Dabei handelt
es sich um ein großangelegtes, suprastaatliches Vorhaben, in
dem „die Firma", neben hunderten von anderen, eine Rolle spielt.
Zweck und Inhalt des Projektes bleiben indes den ganzen Roman

über ungeklärt: es sei undurchdringlich, opak, eine „black box"
(ebd. 100). „Es muss als etwas gedacht werden", denkt U, „das sich
in einem ständigen Zustand des Übergangs befindet und nicht
der Ankunft – nicht *an einem bestimmten Ort*, sondern *irgendwo
dazwischen*" (ebd., 106; Herv. i. O.). Das Projekt wird zur Chiffre
sich des kritischen Zugriffs entziehender Organisationsprozesse:
„Was konnte man denn kritisieren oder angreifen? Es gab kein
Gebäude, keine Projektzentrale, kein Koordinationsbüro. ... Das
Projekt war suprastaatlich, supranational, supra-alles – und infra-
noch dazu: *Das* war es, was es so effizient machte, und so tödlich."
(ebd., 161; Herv. i. O.)

Die Versuchsanordnung einer fiktiven Organisationsanthropologie unter den medientechnologischen Bedingungen digitaler
Kulturen lässt sich als immanente Organisationskritik lesen. Denn
das Buch in den Händen oder im digitalen Lesegerät des Lesers
ist das Überbleibsel des Großen Berichts, der Rest, der noch
geschrieben werden kann: „dieser Nichtreport, den Sie gerade
lesen, dieser Ableger des echten ungeschriebenen Manuskripts"
(ebd., 150). Die doppelte Black Box oder dieser Organisationskomplex aus unlesbaren medientechnischen und zum Teil undurchschaubaren Organisationsprozessen muss opak bleiben; ihre
Operationen sind einem kritischen Überblick nicht zugänglich.
Gerade deshalb gilt es, für die Bedingungen und Effekte ihrer
Verschränkung eine Sprache zu finden, Begriffe und Narrative des
alltäglichen Organisierens und Organisiert-Werdens.

10

Das zweite Beispiel entstammt der visuellen Kunst als Anthropologie gegenwärtiger Medienkultur, die auf der Ebene
zeitgenössischer Formen und Prozesse der Organisation
angesiedelt ist. Simon Dennys Installation *Secret Power*, die 2015
als neuseeländischer Beitrag zur Biennale in Venedig Aufsehen
erregte, besteht aus einer künstlerischen Untersuchung der
Operationen, Materialien und visuellen Kultur der National

Security Agency (NSA) und ihrer „Five Eyes"-Partnerverbünde, den Geheimdienstapparaten Großbritanniens, Australiens, Kanadas und Neuseelands (Denny 2015). In Venedig hat Denny die *Biblioteca Nazionale Marciana*, gerahmt durch allegorische Darstellungen von Wissen und Macht aus Renaissancezeiten, in einen Serverraum verwandelt. Die Servergestelle enthalten einerseits Hardwareelemente und andererseits Montagen skulpturaler Nachbildungen und Interpretationen von durch Edward Snowden geleakten Dokumenten, primär Materialien zu internen Organisationsabläufen und Operationsdarstellungen der Geheimdienste, sowie Arbeiten eines ehemaligen *Creative Director* der NSA.

Die Verbindung aus blinkender Hardware und *orgware* reflektiert bereits das Problem der Darstellbarkeit von Organisation in digitalen Kulturen. Der Unsichtbarkeit datenbasierter Steuerungsmechanismen wird in einer Art Wunderkammerästhetik eine bunte Sammlung organisationaler Artefakte gegenübergestellt. Bearbeitung und Anordnung dieser Artefakte wirken genauso evokativ wie impressionistisch. Sie verbinden scheinbar nebensächliche Bilder, Figuren und PowerPoint-Folien, die zwischen militaristischer Fantasy-Ästhetik und Unternehmensberatungs- und Unternehmerjargon changieren, mit Darstellungen netzwerkbasierter Überwachung, Bekämpfung und Auslöschung. Die Besucherin wird provoziert, selbst nach Spuren, Verbindungen und Mustern zu schauen und teils evidente, teils spekulative Rückschlüsse auf – bürokratische, manageriale, projektbasierte – Organisationsweisen sowie ihre Kontroll- und Auslöschungsphantasien zu ziehen (Beyes 2019). Diese Organisationsweisen sind medientechnisch bedingt: Sie basieren auf der Physik der Organisation digitaler Kulturen und ihre Möglichkeiten computerisierter, datengetriebener Kommunikation und Kontrolle. Gleichzeitig ist diesen technischen Operationen ein Set organisationaler Imaginäre und Ästhetiken eingeschrieben, das von bürokratischer Kontrolle und Planbarkeit über *leadership*-Modelle und

militärische Strategien zu den projekt- und plattformbasierten
Formen digitalen Unternehmertums reicht.

Die Installation spricht also über Organisation in ihrer eigenen
Sprache und Bildlichkeit. Organisation in digitalen Kulturen
wird als eine problematische Interdependenz alter und neuer
Organisationsweisen erfahrbar. Was sichtbar gemacht wird
bzw. sichtbar gemacht werden kann, ist nicht die Black Box der
digitalen Organisationstechniken, sondern ihre Einbettung in
administrative und unternehmerische Prozeduren sowie die
visuellen Metaphern der Überwachung und Menschenjagd. Als
immanente Medienorganisationskritik basiert diese Arbeit auf
gefundenen und der organisationalen Intransparenz entrissenen
Materialien, deren Montage keinen Anspruch auf Vollständig-
keit oder Überblick erhebt. Auch diese Organisationsanthropologie ist kein *great report*, an deren Ende man die NSA und ihre
Partnerorganisationen durchdrungen hätte. Sie ist indes eine
Aufforderung, sich von den Artefakten und Bildern affizieren zu
lassen, um mit ihnen über einen medientechnologisch geprägten
Organisationskomplex, seine Mechanismen, Effekte und Brüche
zu spekulieren.

11

Das dritte Beispiel betrifft das postdramatische und immersive
Theater. In Rimini Protokolls *Top Secret International (Staat 1)*
betritt die Theatergängerin die Bühne eines Museums – in der
ersten Fassung des Stücks vom Ende 2016 die Münchener Glyptothek – und erhält einen Kopfhörer sowie ein klobig anmutendes
Notizbuch. Geführt von einer menschlichen und einer com-
putergenerierten Stimme begibt sie sich auf einen Parcours
durch die Welt der Geheimdienste, ihrer Operationen und
Organisationsprozesse (Beyes 2018). Wie üblich beim anthropologischen Theater von Rimini Protokoll beruht das Stück auf
den Ergebnissen einer ausführlichen Recherchearbeit, diesmal
im Geheimdienst- und Überwachungssektor und bei seinen

 politischen Kontrollorganen. Es ist als Montage aus Geschichten, Erfahrungen und Einschätzungen von Geheimdienstexperten konstruiert, die von diesen selbst erzählt und auf der Tonspur in die Räume der Glyptothek verpflanzt werden. Im Laufe der Aufführung sind verschiedene Rollen einzunehmen, die das Publikum direkt adressieren und in klandestine Praktiken und Operationen hineinzuziehen suchen.

Zwar ist staatliche Arkanpolitik beileibe nichts Neues und die Entstehung bürgerlicher Öffentlichkeit gleichursprünglich mit dem Aufbau der modernen Geheimdienstapparate. Dem medientechnisch unterfütterten Transparenzbegehren, das prägend für Debatten in und um digitale Kulturen ist, korrespondiert allerdings die globale Expansion netzwerktechnisch ermöglichter Überwachung und ihrer Organisationsweisen. Und das Verbergen bzw. die nur partielle Durchschaubarkeit von Organisationsprozessen ist im Fall solch geheimer Gesellschaften nicht nur konstitutiv für Organisation, sondern ihr Existenzzweck (Simmel [1908] 1992). „Wie kannst du erwarten, dass ich deine Geräte nicht beobachte?", fragt die Computerstimme. „Also der Staat. Er braucht ständig neue Werkzeuge. Um dich zu schützen und andere vor dir." Doch was ist hier Staat, und was Markt? Wäre heute nicht von einer Expansion geheimer Gesellschaften zu reden, vielleicht jenseits der frühmodernen Unterscheidung zwischen staatlichen Arkana und entstehenden zivilgesellschaftlichen Geheimbünden? Von einem hacking team erfährt man über zeitgenössische, technologisch ermöglichte Praktiken der Geheimhaltung und Überwachung: „Aber das Internet ist kein Staat", und „der Markt macht uns zu Spionen". Bei Amazon gebe es die dazu notwendige Hard- und Software: Überwachung für jedermann als Geschäftsmodell, ein ertragreiches, wachsendes Marktsegment.

Das Stück spielt auf affektiver Ebene mit der körperlichen Erfahrbarkeit der Black Box des Organisierens. Es produziert Gefühle der Unsicherheit und der Unheimlichkeit, nicht zuletzt durch die Inszenierung des eigenen Beobachtet- und Gesteuertwerdens.

Entscheidend dafür ist, dass der Theaterparcours an die medientechnologischen Möglichkeiten allgegenwärtiger Überwachung
und Verhaltenssteuerung gekoppelt ist. Räumlich inszeniert
das Stück ein Aufeinandertreffen von Museumsarchitektur und
musealer Ausstellung mit Techniken algorithmischer Steuerung. Die Wege durch und Begegnungen im Museum sind
programmiert; sie werden von einem Algorithmus automatisiert
kontrolliert und ausgewertet. Das Notizbuch enthält, wie sich im
Laufe des Stücks herausstellt, eine technische Black Box, einen
Sensor, der die Bewegungen und teilweise die Gesten seiner
Trägerin registriert und aufzeichnet, um den weiteren Weg zu
bestimmen. Top Secret International inszeniert nicht nur ein
„Schlachtfeld der Blicke", wie es an einer Stelle heißt, das durch
die technischen Möglichkeiten datenbasierter Kontrolle und
netzwerkförmiger Organisation zu einem staatliche und privat-
wirtschaftliche Akteure umfassenden Regime der Sicherheit und
des Kriegs expandiert (und die Figur der Black Box damit an ihren
Ursprung zurückführt). Das Stück macht darüber hinaus körper-
lich erfahrbar, was sich mit Shoshana Zuboff (2019) als instru-
mentelle und medientechnisch gesteuerte Macht der Verhaltens-
modifikation beschreiben lässt, die eine Art antizipatorischen
Konformismus im Sinne von kommerziell und sicherheitspolitisch
gewünschtem Verhalten produziert. Am Ende erhält jede Teil-
nehmerin eine Beurteilung der persönlichen Eignung. Die Ein-
stufung des Autors war ziemlich gut. Vermutlich war sie das bei
allen. Wäre es nicht enttäuschend, wenn es anders wäre?

12

Medien organisieren, und Medien werden organisiert. Das Verständnis der wechselseitigen Bedingtheit von Medientechnologie
und Organisation eröffnet die Möglichkeit kritischer Analysen
von und in digitalen Kulturen, mit denen die determinierende
Kraft medientechnischer Apparate in Beziehung zu ihrer Einbettung in Organisationsweisen gesetzt wird, die historisch
gewachsen sowie sozial verhandelt oder umkämpft sind. Der

diesem Text vorangestellten Heuristik Eribons zufolge ermöglicht der Fokus auf die organisationalen Bedingungen und Effekte digitaler Medien ein immanentes Vorgehen, ohne die Black Box unsichtbarer und undurchschaubarer technischer Mechanismen durchsichtig machen zu können. „Medien verstehen" heißt hier Medienorganisation verstehen, und Kritik in digitalen Kulturen wird zu Organisationskritik.

Indes wäre es in diesem Zusammenhang wohl genauer, von schwacher Immanenz zu reden. Prominente Spielarten der Medienorganisationskritik argumentieren quasi-transzendental und scheren sich kaum darum, dass Kritik *von* digitalen Kulturen *in* digitalen Kulturen durchgeführt wird, oder um die Implikationen dieser Lage für die eigene Sprecherposition und ihre Repräsentationsmöglichkeiten. Eine starke Immanenz, von der aus ein medientechnologisch grundierter Determinismus und seine Kontingenz erfahrbar wird, erfordert demgegenüber die Erfindung neuer Poetiken des Organisierens. Die hier nur sehr knapp vorgestellten künstlerisch-anthropologischen Werke *Satin Island*, *Secret Power* und *Top Secret International* experimentieren auf je eigene und ihrem künstlerischen Genre geschuldeten Weise mit solchen Poetiken der Medienorganisation.[2] Sie lassen sich als sprachliche, visuelle und immersiv erfahrbare Versuche deuten, der zweifachen Black Box von Medientechnik und Organisation mit einer immanenten Kritik zu begegnen, die unter den Bedingungen des Digitalen anhand zu Verfügung stehender *orgware* operiert. Die technische Black Box bleibt damit geschlossen (auch wenn sie im Fall von *Top Secret International* für das Stück programmiert wird). Was man über die Apparate wissen kann, bezieht sich nicht auf ihre technische

2   Die in Adornos (oben zitierten) Worten „von innen eindringende Erkenntnis" immanenter Kritik, von der auf ein Außen bzw. hier auf die organisationale Funktionsweise der Black Box geschlossen wird, weist zwangsläufig eine große Nähe zu empiristischen (anthropologischen) Formen der Materialsammlung und Beschreibung auf.

Beschaffenheit und Operationsweise, sondern auf ihre Verbindung mit und Ermöglichung von Organisationsprozessen. Wie Sozialität determiniert wird, indem sie organisiert wird, wird aus fragmentarischen Organisationsmaterialien und -narrativen heraus entwickelt. Ohne Anspruch auf Übersicht und Durchblick zu erheben, konstruieren diese Zugänge damit Beschreibungen, Bilder und Spekulationen über die Black Box medientechnisch konfigurierter Organisationsweisen. Unter den Bedingungen digitaler Kulturen und ihrer automatisierten Mediologie (Thrift 2011) oder ihres Medienarkanums (Beyes und Pias 2019), die bzw. das fernab menschlicher Einsichtnahme funktioniert, verweisen diese Beispiele damit auf Möglichkeiten, die einer immanenten Kritik noch zur Verfügung stehen.

Literatur

Adorno, Theodor W. 1963. „Kulturkritik und Gesellschaft". In *Prismen: Kulturkritik und Gesellschaft*, 7–26. München: dtv.

Apprich, Clemens, Josephine Berry Slater, Anthony Iles und Oliver Lerone Schultz. 2013. *Provocative Alloys: A Post-Media Anthology*. London: Mute.

Baecker, Dirk. 1999. *Organisation als System*. Frankfurt am Main: Suhrkamp.

Bernard, Andreas, Matthias Koch und Martina Leeker. 2018. *Non-Knowledge and Digital Cultures*. Lüneburg: Meson Press.

Beyes, Timon. 2018. „Geheimnistheater". In *Rimini Protokoll: State 1-4. Phänomene der Postdemokratie*, herausgegeben von Imanuel Schipper, 59–67. Berlin: Theater der Zeit.

Beyes, Timon. 2019. „Surveillance and Entertainment: Organizing Media". In Timon Beyes, Lisa Conrad und Reinhold Martin, *Organize*, 29–61. Minneapolis, MN/Lüneburg: University of Minnesota Press/Meson Press.

Beyes, Timon. 2020. „The Organizational a priori: Critique of the Digital as Critique of Organization". In *Critique and the Digital*, herausgegeben von Erich Hörl, Nelly Y. Pinkrah und Lotte Warnsholdt, 229–48. Zürich: Diaphanes.

Beyes, Timon und Claus Pias. 2019. „The Media Arcane". *Grey Room* 75: 84–107.

Brunton, Finn und Helen Nissenbaum. 2015. *Obfuscation: A User's Guide for Privacy and Protest*. Cambridge, MA: MIT Press.

Coleman, Gabriella. 2014. *Hacker, Hoaxer, Whistleblower, Spy: The Many Faces of Anonymous*. London: Verso.

Conrad, Lisa und Timon Beyes. 2018. „Mischverhältnisse: Zur Beziehung von Medien- und Organisationstheorie". *Zeitschrift für Medienwissenschaft* 18 (1): 50–8.

80 Denny, Simon. 2015. *Secret Power*. Milan: Mousse Publishing.

Eribon, Didier. 2018. *Grundlagen eines kritischen Denkens*. Wien: Turia + Kant.

Foster, Hal. 2017. *Bad New Days: Art, Criticism, Emergency*. London: Verso.

Galison, Peter. 1994. „The Ontology of the Enemy: Norbert Wiener and the Cybernetic Vision". *Critical Inquiry* 21 (1): 228–66.

Galloway, Alexander R. 2011a. „Black Box, Schwarzer Block". In *Die technologische Bedingung: Beiträge zur Beschreibung der technischen Welt*, herausgegeben von Erich Hörl, 267–80. Berlin: Suhrkamp.

Galloway, Alexander R. 2011b. „Are Some Things Unrepresentable?" *Theory, Culture & Society* 28 (7-8): 85–102.

Kittler, Friedrich. 1986. *Grammophon – Film – Typewriter*. Berlin: Brinkmann & Bose.

Lovink, Geert, und Ned Rossiter. 2018. *Organization after Social Media*. Colchester: Minor Compositions.

Luhmann, Niklas. 2000. *Organisation und Entscheidung*. Opladen/Wiesbaden: Westdeutscher Verlag.

Martin, Reinhold. 2003. *The Organizational Complex: Architecture, Media, and Corporate Space*. Cambridge, MA: MIT Press.

McCarthy, Tom. 2015. *Satin Island*. München: DVA.

Nunes, Rodrigo. 2014. *Organisation of the Organisationless: Collective Action After Networks*. London: Mute.

Parker, Martin. 2015. „Secret Societies: Intimations of Organization". *Organization Studies* 37 (1): 99–113.

Parker, Martin, und Robert Cooper. (1998) 2016. „Cyborganization: Cinema as Nervous System". In *For Robert Cooper. Collected Work*, herausgegeben von Gibson Burrell und Martin Parker, 236–52. London: Routledge.

Passig, Kathrin. 2017. „Fünfzig Jahre Black Box". *Merkur* 823: 16–30.

Peters, John Durham. 2015. *The Marvelous Clouds: Toward a Philosophy of Elemental Media*. Chicago: University of Chicago Press.

Rancière, Jacques. 2007. „Are Some Things Unrepresentable?" In *The Future of the Image*, 109–38. London: Verso.

Rancière, Jacques. 2009. „The Misadventures of Critical Thought". In *The Emancipated Spectator*, 24–49. London: Verso.

Scholz, Trebor und Nathan Schneider. 2016. *Ours to Hack and to Own*. New York: OR Books.

Simmel, Georg. (1908) 1992. „Das Geheimnis und die geheime Gesellschaft". In *Soziologie. Untersuchungen über die Formen der Vergesellschaftung*, Gesamtausgabe Bd. 11, herausgegeben von Otthein Rammstedt, 383–455. Frankfurt am Main: Suhrkamp.

Srnicek, Nick. 2017. *Platform Capitalism*. Cambridge: Polity Press.

Thrift, Nigel. 2011. „Lifeworld Inc: And What to Do about It". *Environment and Planning D: Society and Space* 29 (1): 5–26.

Zuboff, Shoshana. 2019. *Das Zeitalter des Überwachungskapitalismus*. Frankfurt am Main: Campus.

EXESS

PARANOIA

SCHIZOIDIE

REVOLUTION

ALARMISMUS

AFFIRMATION

DIGITALE KRITIK

Kritik in digitalen Kulturen: Begegnungen zwischen Entsagung, Revolution und Affirmation

Martina Leeker

Kritik wird hier aus medienwissenschaftlicher Sicht als Kulturtechnik vorgestellt, mit der Welt z.B. durch Unterscheidungen, Begriffe oder Urteile geordnet und dabei ein mit Medialität immer schon aufkommender techno-anthropologischer Gap überbrückt wird. Digitaler Kritik gelingt dies erstens durch Kritik-als-Exzess, wie etwa Hate Speech, sowie durch verführerisch-fürsorgliche automatische Daten-Kritik von Fitness-Apps, Kaufempfehlungen oder automatischen Assistenzsystemen. Eine scheinbar unmittelbare techno-humane Ko-Operativität schließt vermeintlich den Gap. Digitale Kritik wird zweitens zum resilienten Krisenmanagement, das die gehorsame Anpassung an bedrohliche Lagen, statt deren

Abwendung, als „Problemlösung" verspricht. Vor diesem Hintergrund kann nur eine entschiedene Entsagung von Kritik die entstehenden Bindungen und Verblendungen lösen. An deren Stelle können die Wiederentdeckung revolutionärer Kraft für Problemlösungen und die konsequente Affirmation von Medialität als Wissen um und Aushalten von Kontingenz und Fragilität treten. Reflexion verspricht eine fortlaufende, affektiv-alarmierte sowie spekulativ-performende Beobachtung digitaler Kulturen.

I. Kritik: Ein Medialität-Organisations-Kontroll-Apparat

Die Beschäftigung mit Kritik ist für Verständnis von und Verhältnis zu digitalen Kulturen unabdingbar, denn letztere konstituieren sich als unausgesetzte Performance von Kritik und sind auf diese hin angelegt. Sobald wir technische Geräte öffnen oder Anwendungen nutzen, tritt Kritisieren als exzessiver, d. h. andauernder, überbordender und unstillbarer sowie sich selbst immer wieder aufheizender Vorgang auf den Plan. Dies betrifft von Menschen ausgeführte Kritik, wenn sie z. B. in Ko-Operation[1] mit Maschinen sowie zwischenmenschlich allerorten „liken" oder überzogene, gerne abwertende Urteile goutieren und selbst abgeben. Zum anderen betreiben die Maschinen selbst eine exzessive algorithmische Daten-Kritik, indem sie etwa

1 Während der Begriff „Kooperation" auf menschliches Zusammenarbeiten bezogen ist, bezeichnet „Ko-Operation" hier das gemeinschaftliche Handeln menschlicher und technischer Akteure. Der Fokus liegt auf dem Operativen, d. h. auf einer nicht mehr nur auf das Anthropologische bezogene Sicht auf Handeln. Die hier beschriebene symbiotische und antizipative techno-humane Ko-Operativität ist konstitutiv für digitale Kulturen.

menschliches Verhalten in Fitness-Apps, Gesundheits-Checks oder durch Verkaufsvorschläge sichten und bewerten und ihre Hinweise zur Verbesserung der Lage aussenden. Digitale Kritik, wie die Ausformung der kulturellen Praxis in der aktuellen Lage hier heißen soll, ist das Lebenselixier digitaler Kulturen und zugleich deren große Verführerin. Ihr gelingt es nämlich, durch die genannten Exzesse von Kritik sowie durch die damit verbundene Ekstase und Schizoidie menschliche Agierende so an die sie umgebenden technischen Umwelten zu binden, dass sie freiwillig und frohgemut ein Maximum an Daten abgeben. Diese Abgabe ist das Ziel der exzessiven Kritik, denn Daten sichern Fortbestand sowie Optimierung der technischen Umwelten, die – wie z. B. die Plattformen von Social Media oder Verkaufsportale, auf denen sich digitale Kritik unter anderem austobt – selbst Exzesse der Erhebung und Verarbeitung von Daten sind.

Aufgrund welcher Konstitution übernimmt digitale Kritik diese Aufgaben, nämlich zur Abgabe von möglichst großen Datenmengen zu verführen und eine vermeintlich unmittelbare und lustvolle Bindung an technische Umwelten herzustellen? Diese Effekte scheinen kontra-intuitiv, würde man doch zunächst vermuten, dass Kritik vor allem für die reflektierte Beurteilung digitaler Kulturen und nötigenfalls für eine Fehlentwicklungen ausgleichende Veränderung steht. Effekt digitaler Kritik ist entgegen dieser Hoffnung, dass jegliches kritisches Zucken umgehend in den selbstbezüglichen Strudel ersterer aufgesogen und für deren datenhungrige und bindungsbesessene Zwecke vereinnahmt wird.

Die geschilderte Lage wird verständlich, wenn Kritik als Kulturtechnik zur Bewältigung von unhintergehbarer und einen techno-anthropologischen Gap auslösender Medialität erkannt wird. Denn diese Funktionalität entschlüsselt Kritik in ihrer zwanghaften Konstitution, mit der sie als Kritik auf immer weitere Erzeugungen und Entladungen von Kritik aus ist. Aus dieser Entschlüsselung sollen hier am Ende des Beitrages gangbare Wege für einen möglichst unbeschadeten Umgang mit den digitalen Ausprägungen von Kritik erschlossen werden.

Kritik und/als Medialität

Kritik ist also nicht mit wertendem und distanziertem Urteilen zu fassen, das sich z. B. auf Kunstwerke, Mitmenschen oder gesellschaftliche Verhältnisse beziehen kann. Diese bis heute eingängige Sicht konstituierte moderne Kritik[2], die im 18. Jahrhundert im Zuge der Aufklärung aufkam und bis hin zur Kritischen Theorie der 1960er Jahre mit Modifikationen ausformuliert wurde. Diese Kritik und jede weitere Ausprägung sind vielmehr, so der hier vertretene, vielleicht zunächst kontra-intuitive Forschungsansatz, die Kulturtechnik, mit der durch Medientechnik in historischen Phasen sowie durch Kritik selbst aufkommende Medialität bewältigt wird. Dabei entstehen nämlich Lücken zwischen technischen bzw. medialen Umwelten und der diese nicht erfassenden Wahrnehmung und Kognition menschlicher Agierender sowie der nicht erreichbaren, aber erahnbaren Welt. Aufgabe von Kritik ist es dann, die andauernd aufklaffenden Lücken durch Vermittlungsordnungen zu überbrücken und in ihrer irritierenden und verunsichernden Kraft zu befrieden, mithin Kontingenzbewältigung zu betreiben.

Diese Sicht auf die Aufgaben von Kritik ergibt sich, wenn sie aufgrund ihrer basalen Verfahrensweisen wie Unterscheiden, Kategorisieren und Urteilen als Apparat zur Gewährleistung des existentiell notwendigen Ordnens von Welt verstanden wird. [3] Kritik schließt dabei mit Hilfe von mit Medien durch-

---

2   Diese „moderne Kritik" kann auch als eine Fehl-Interpretation von Kants „aufklärerisch-moderner Kritik" (Kant [1790] 1963) gelten, die erkenntnistheoretische Fragen und nicht Wertungen in den Fokus stellte (vgl. Leeker 2022). Der Bezug auf Wertungen dominiert „moderne Kritik" bis zur Kritischen Theorie. Diese Kritik wird in den 1960er Jahren abgelöst durch Marshall McLuhans Erfindung einer „Kulturkritik-durch-Medien", die digitale Kritik erst ermöglicht.

3   Eine Plausibilisierung dieser Sicht ergibt sich aus dem Bezug auf Kants „Kritik der Urteilskraft" ([1790] 1963) (vgl. auch: Leeker 2022).

geführten Unterscheidungen – etwa mittels Sprache, Begriffen oder Algorithmen – insofern die medialen Lücken, als diese Praktiken des Weltordnens in Regelwerken für Aussagelogiken (vgl. etwa Kant [1790] 1963), Sprechweisen oder Codierungen exemplarisch die Richtigkeit von Aussagen garantieren. Kritik erscheint mithin als basale Kulturtechnik des Ordnens von Welt und als Medialitäts- und Kontingenzbewältigung; ein *Medialität-Organisations-Kontroll-Apparat*.

Gesellschaftskritik: Ein Nebenschauplatz

Dieses Verständnis von Kritik als Medialitätsbewältigung betrifft auch Gesellschaftskritik. Diese mag beim ersten Nachdenken über Kritik als deren originäre und wichtigste Form in den Sinn kommen, da sie z. B. ungerechte gesellschaftliche Verhältnisse entlarvt und damit deren Veränderung auslösen kann. Kritik entspringt aber nicht primär z. B. gesellschaftlichen oder politischen Verhältnissen oder zielt unmittelbar auf diese, sondern erzeugt sie im Gegenteil vielmehr zum Zwecke der Vermittlung von Medialität erst. Diese Sicht lässt sich beispielhaft an der Kritischen Theorie von Theodor W. Adorno darlegen ([1960] 1994), in der Gesellschaftskritik dazu diente, den anthropo-technischen Gap mit Hilfe von Kritik als Erkenntnis der verborgenen, vermeintlichen Wahrheit der gesellschaftlichen Verhältnisse zu schließen. Gesellschaftskritik diente also zur Vermittlung des medialen Gap durch Wahrsagen (vgl. auch Boland 2013).

In Gesellschaftskritik werden also die kulturtechnischen Methoden der Unterscheidung, Kategorisierung und Beurteilung aufs Soziale projiziert. So entstehen etwa soziale Gruppen, Deutungshoheiten oder Wertungen von sozio-technischen Verhältnissen. Kritisierende Subjekte und Gesellschaftskritik sowie Institutionen der Kritik wie z. B. Presse, Universität oder Geisteswissenschaften treten dabei aus dieser Sicht an, um die stetig rumorende Medialität zu überbrücken und zu regulieren. Denn Subjekte – wie prekär sie auch ausfallen mögen – stehen für eine Ausstattung mit Handlungsmacht und Intentionalität sowie für das Vermögen der Erkenntnis in und der Distanzierung von medialen Umwelten. Gesellschaftskritik vermittelt in dieser Perspektive die Idee einer zugänglichen und beeinflussbaren Wirklichkeit und institutionalisierte Kritik steht für deren Verbindlichkeit und Richtigkeit ein.

Institutionalisierte Formen von Kritik wie z. B. Gesellschafts- oder Kunstkritik sind mithin als Weisen des Umgangs mit Medialität zu verstehen und als Auseinandersetzungen mit Gesellschaft, Politik oder Ökonomie ersterem erst nachgeordnet.

Kritik der Kritik

Diese medienwissenschaftliche Sicht bringt im Hinblick auf eine Auseinandersetzung mit Kritik zwei grundlegende, im Weiteren Erkenntnis und Handlung leitende Einsichten.

Aus der Perspektive der Medialitäts- und Kontingenzbewältigung wird erstens verständlich, dass ein regelrechter existentieller Zwang zu Kritik besteht, um Welt zu ordnen und Medialität zu domestizieren. Es geht darum, Kritik unabhängig von Inhalten immer präsent und am Laufen zu halten. Diese Aufgabe scheint in digitalen Kulturen besonders dringlich, wie ihre Exzesse zeigen. Ein reflektierter Umgang mit Kritik hätte mithin Funktionalität und Regierungsweise von Kritik als Medialität-Organisations-Kontroll-Apparat zugrunde zu legen.

Mit der medienwissenschaftlichen Tieferlegung von Kritik wird zweitens deutlich, dass letztere nicht als ein Sprechen über etwas missverstanden werden kann. Mit dieser Sicht wird suggeriert, man könne mit Kritik die Wahrheit über Verhältnisse aussagen oder sich diesen entziehen. Kritik ist vielmehr immer schon ein „Sprechen-in-Medien" und verfügt also weder *über* ein Außerhalb, noch garantiert sie eine vom Subjekt kontrollierte Handlungsmacht. Ein reflektierter Standpunkt zu Kritik müsste mithin mit anderen Methoden als denen der Kritik herstellt werden. Zudem müsste das, was bisher mit Gesellschaftskritik bezeichnet wurde, nämlich Distanz für Reflexion, Widerständigkeit,

In-Verhältnis-Setzung oder Interventionen für sozialen Wandel, mit einem anderen Begriff versehen werden.

II. Digitale Kritik: Kritik-als-Exzess, Daten-Kritik, Paranoia, Schizoidie

Digitale Kritik ist zunächst äußerst befremdlich und kaum identifizierbar, da für einen ersten Zugang gewöhnlich die bekannten Formen und Methoden moderner Kritik zur Orientierung herangezogen werden. Erst wenn dieses Verständnis überwunden wird, zeichnet sich die zutiefst nichtmoderne digitale Kritik ab. Zum einen ist Kritik in digitalen Kulturen nämlich zum ersten Mal in Gestalt von „Daten-Kritik", d. h. einer Kritik von durch Algorithmen verarbeiteten Daten, auch ein nicht-menschliches und automatisches Unterfangen. Damit unterläuft digitale Kritik das bisher für Kritik gültige Primat des Anthropologischen, sodass es zunächst schwerfällt, Daten-Kritik als Kritik anzuerkennen. Zum anderen tendiert Kritik unter den techno-epistemologischen Bedingungen digitaler Kulturen zu Exzess, Ekstase, Paranoia und Schizoidie, die im affektgeladenen und selbstbezüglichen Kritisieren Datenfluss und Vernetzung an die Stelle inhaltlicher Referenzierungen treten lassen. Daten-Kritik und Kritik-als-Exzess setzen mithin die Konstitution moderner Kritik außer Kraft. Sie beruhte erstens auf der Erzeugung autonomer und intentionaler, in diesem Sinne freier Subjekte, die mit Vernunft und kritischer Distanz ausgestattet waren. Es geht bei dieser Erzeugung allerdings um einen wasserdichten und zwanghaften Vermittlungsapparat, in dem das Subjekt Statthalter der Richtigkeit und Stabilität von Vermittlung war. Denn das vernünftige Subjekt erkennt Welt a priori, d. h. aus sich heraus und muss dazu frei sein, was wiederum nur möglich ist, wenn das Subjekt auch bei der Vernunft bleibt und nicht etwa in Imaginationen und Spekulationen abdriftet. Moderne Kritik ermöglichte zweitens eine sich immer wieder ausgleichende und stabilisierende Ökonomie unterschiedlicher gesellschaftlicher und politischer Interessen. In dieser kommt es nämlich zu einer Selbstregulation, indem unterschiedliche kritische Lager sich wechselseitig in Schach halten und nötigenfalls auslöschen. Ein Beispiel dafür ist das Zusammenspiel z. B. von Polizey als Organ staatlicher Überwachung mit Geheimbünden als Formationen zivilen Ausweichens vor ersterer im 18. Jahrhundert. Kritik zeigt sich damit selbst als Medium, das einer eigenen Dynamik und Performativität folgt. Sie steht für eine Selbstaufheizung, mit der Kritik immer neue Kritik anzettelt.

Digitale Kritik wird im Folgenden im Vergleich mit moderner Kritik im Hinblick auf ihre spezifische Weise der Medialitätsbewältigung herausgearbeitet, die es zu verändern gälte, will man sich ihrem Sog entziehen.

Kritik-als-Exzess

Die Medialitätsbewältigung digitaler Kritik konstituiert sich aus der Herstellung einer möglichst totalen Konnektivität menschlicher Agierender an digitale Kulturen, die durch eine Verführung zu exzessivem Kritisieren hergestellt wird. Die Anbindung gelingt, da mit zunehmender, undurchsichtig und unkontrollierbar werdender Datenflut zugleich der Eindruck entsteht, dass technische Umwelten, z. B. in Form angeblich personalisierter algorithmischer Kritik in Fitness-Apps oder Kaufvorschlägen, auf menschliche Agierende reagieren würden. Diese vermeintliche Hinwendung des Technischen auf den Menschen erscheint somit als ein Sein in einer paradoxen unmittelbaren Mittelbarkeit, womit der techno-anthropologische Gap schlicht geschlossen wird. Wo moderne Kritik auf Vermittlungsordnungen wie z. B. Aussagelogiken, Subjekte oder Gesellschaftskritik zur Medialitätsbewältigung setzte, agiert in digitaler Kritik also die Entfesselung von Medialität. An die Stelle von Kontrolle und des Wiegens in einer Vermittlungssicherheit tritt nun die in Exzessen forcierte bedingungslose Bindung menschlicher Agierender an Medienkulturen.

Diese Bindung ist nicht Selbstzweck, denn Hintergrund für dieses Bestreben ist die Abgabe von möglichst vielen Daten, die für Überleben und Weiterentwicklung der ubiquitären Infrastrukturen digitaler Kulturen sowie für ökonomische Player jeglicher Couleur unabdingbar sind. So wird verständlich, warum digitale Kritik zu Exzess, Eskalation und Ekstase tendiert: Je mehr kritisiert wird, desto mehr Daten werden produziert. Das Resümee dieser Analyse für den Umgang mit digitaler Kritik lautet deshalb: Man muss sich digitaler Kritik vom „Liken", über Bewertungen in Reiseportalen bis hin zur Explosion von Hassreden so gut es geht enthalten.

Bei dieser Entsagung ist zu beachten, dass die kritischen Operationen nicht nur durch Exzess, sondern ebenso durch polarisierende Parteiungen gekennzeichnet sind, etwa Zuordnungen wie „Linke/Rechte", die die exzessive Medialitätsbewältigung entschärfen. Zugespitzte oder radikale Positionen ordnen nämlich die bedeutungsfreie Datenflut und kritischen Exzesse in einem Netz von zwar kurzlebigen und äußerst fragilen, aber immerhin doch eindeutigen Markierungen. Bewegungen wie #MeToo begründen dann nicht nur solidarische kritische Gemeinschaften, sondern sorgen vielmehr – vielleicht vor allem – für die Entschärfung sowie zugleich die Fortsetzung und Aufheizung von digitaler Kritik, da die Parteiungen zugleich zu vermehrter Partizipation einladen. Daran zeigt sich, dass digitale Kritik insofern konstitutiv ambivalent ist, als dem Exzess die Entschärfung schon inhärent ist, so dass letztere nicht mehr zur Unterwanderung des Zwanges zur Konnektivität genutzt werden kann.

Daten-Kritik

Es gilt, die technischen Grundlagen der Datenverarbeitung digitaler Kulturen genauer zu bestimmen, um die Notwendigkeit für Exzess und Konnektivität vertieft zu verstehen und auf die Frage hin zu untersuchen, ob und wie man sich ihnen entziehen kann. Für diese Analyse ist entscheidend, dass Daten-Kritik unter einer besonderen Bedingung entsteht. Es ist nämlich die Verquickung von technischen Bedingungen mit sie verdeckenden Übersetzungen, die Daten-Kritik erst ausmacht.

Ausgangslage ist, dass die technischen Operationen der Datenverarbeitung jenseits einer Orientierung an menschlichen Fähigkeiten ablaufen (vgl. auch Esposito 2014). Erstere beruhen zwar auf Beobachtungen der Handlungen menschlicher Agierenden, wie z. B. der Suche über Google. Die menschlichen Vorgehensweisen werden jedoch weder imitiert, noch interessieren sich die technischen Operationen für ein Individuum (ebd.). Da die technischen Operationen dabei allerdings nur Musterbildungen erkennen können, bedürfen sie gleichwohl der Aktivität menschlicher Agierender, die den Erhebungen und Verrechnungen einen Sinn oder ein Ziel geben, und sie am Laufen halten. So postuliert z. B. Frédéric Martel: „Der Kulturkritiker ist tot. Vive la smart curation" (2015) und ernennt Vorschlagslisten von Netflix oder Spotify sowie Kaufempfehlungen von z. B. Amazon oder automatisch erstellte Bewertungen von Bots zu Kritik. Entscheidend sei dabei, so Martel weiter, dass sich menschliche Agierende und Daten das Kritisieren teilen, denn der Mensch werde zum kongenialen Partner, der den Datenoperationen Sinn und Richtung gibt (Martel 2015). Daten-Kritik vermittelt also den Anschein, die automatischen, algorithmisch gesteuerten Operationen würden mit menschlichen Agierenden in eine ko-operative Handlungsgemeinschaft der Kritik treten. Diese Bereitschaft zur Ko-Operation wird noch unterstützt durch den Eindruck von Kontingenz, den die Datenoperationen erwecken (Esposito 2014). Aufgrund der Komplexität der Daten erscheinen diese nämlich unvorhersehbar und gemahnen damit an Kommunikation;[4] gerade so, als ob nun ein eigensinniger technischer Partner am Austausch teilnähme.

---

4   Im Gefolge von Niklas Luhmann versteht Elena Esposito Kommunikation als die Beobachtung von Beobachtungen von mindestens zwei Partner_innen (doppelte Kontingenz), die den Fortgang der Kommunikation offen erscheinen lässt.

Bei genauerer Betrachtung wird allerdings deutlich, dass die
Sinngebungen das Kritisieren menschlicher Agierende auf eine
erzwungene, andauernde Daten-Interpretation umstellen. Damit
entpuppt sich die Medialitätsbewältigung durch digitale Kritik
als eine vom Technologischen, und nicht vom Anthropologischen
verordnete und gestaltete. Menschliche Agierende werden
mit Daten-Kritik also nicht nur, wie durch Kritik-als-Exzess,
an digitale Kulturen gebunden, sondern in Gestalt einer vermeintlichen techno-humanen Ko-Operativität auch in diese als
ein anscheinend handlungsfähiger Part integriert.

Digitale Kritik zeigt sich mithin als nicht-humane und zugleich
posthumane, d. h. mehr-als-menschliche Kritik, die vor allem
auf Imagination und Verführung beruht. Zur Medialitätsbewältigung nutzt sie dabei zutiefst nichtmoderne Methoden wie
Verdeckungen, Verzauberungen oder Illusionierungen, um die
techno-anthropologische Lücke schlicht zu schließen; eine psy-
chedelische Bindung, die es zu ent-faszinieren gilt.

Paranoia als Erkenntnishaltung

Mit dem Zwang zur permanenten Daten-Interpretation entsteht
durch digitale Kritik zudem eine nichtmoderne Erkenntnisweise.
An die Stelle von Vernunft und Verstehen tritt Paranoia, die sich
von einer psycho-pathologischen Konstitution zur Verfasstheit
techno-anthropologischer Datenverarbeitung digitaler Kulturen als deren Epistem gemausert hat. So gilt es nämlich z. B.
beständig zu klären, ob es sich bei einer Kritik um Fake News
handelt, Trolle oder gar Bots agieren, oder ein Argument aus
der rechten oder linken Ecke kommt. Effekt ist, dass menschliche Agierende in einen Zustand der Hyper-Aufmerksamkeit
gelangen. Die paranoide Erkenntnisweise entspricht damit dem
Durchschlag der technischen Bedingungen digitaler Datenverarbeitung auf Erkenntnis und transformiert sie in eine genuin
maschinische Leistung. Denn auch die technischen Datenaus-
wertungen konstituieren sich als ständige Suche nach Mustern

und Abweichungen, d.h. wie bei den Methoden von Kritik geht es um andauerndes operatives Unterscheiden.

Daran wird deutlich, dass und warum die ubiquitäre Konnektivität digitaler Kulturen durch paranoid-kritische Dauer-Interpretation und ständiges Affiziert-Werden nicht unterlaufen wird. Denn dies würde dem Ende technisch konstituierter Erkenntnis und Orientierung gleichkommen, die zwar nicht mehr auf moderne, vernunftbegabte und autonome Subjekte sowie gründliches Verstehen bauen, aber eben doch Handlungs- und Entscheidungsmöglichkeit im maschinischen Paranoischen versprechen. Diese Potenziale gelten allerdings nur solange menschliche Agierende sich der techno-humanen Ko-Operativität hingeben.

Schizoide Subjekthüllen

In der andauernden paranoiden digitalen Kritik entsteht die Konstitution von Subjektivität als Teil der Medialitätsbewältigung durch digitale Kritik, die die höchst effiziente Bindung auf einer tiefliegenden, techno-psychologischen und existentiellen Ebene unterstützt und aufrechterhält. Subjektivierung konstituiert sich mit digitaler Kritik nämlich als digitale Schizoidie, die sich durch eine Verteilung menschlicher Agierender auf ihre technologischen Umwelten einstellt. So sind menschliche Agierende z. B. auch in digitalen Profilen oder personalisierten Bots präsent und aktiv. Es geht auch hier weder um eine pathologische Konstitution, noch handelt es sich um eine technischen Bedingungen vorausgehende innere Psyche, vielmehr entsteht im Umgang mit diesen eine Techno-Psycho-Logik.

Die schizoide Bindung tritt da ein, wo die menschlichen Agierenden zum einen die Datenoperationen mit eigenen Hinzufügungen kompensieren, was – wie beschrieben – wegen der techno-anthropologischen Lücken von Nöten ist. Zum anderen antizipieren menschliche Agierende Datenoperationen, wie es z. B. durch daten-deviantes Verhalten im Kampf gegen Überwachungen sowie im vorauseilenden Gehorsam im Umgang mit einer Fitness-App oder dem chinesischen Sozialkreditsystem geschieht. Durch diese Spaltung und Verteilung hängen menschliche Agierende in einer äußerst prekären Weise an digitaler Kritik, denn sie ist nicht nur ein Teil von ihnen, sondern vielmehr Garant ihrer Existenz. Es handelt sich allerdings um eine besondere Existenzweise, denn die Agierenden schweben ob des ständigen Werdens und Vergehens der Datenfragmente in einer Zone der Kon/Fusion. Ein präemptives Subjekt tritt auf die Bühne, das im Hinblick auf ein künftiges mögliches Verhalten hin ausgelegt ist. Dieses erhält seine Existenz mit Ahnungen, Vermutungen, Anpassungen und Antizipationen und vertieft dabei seine schizoide Verteilung ohne Unterlass.

Techno-Fürsorge und Techno-Politik

Die erzwungene Konnektivität wird durch eine neue Regierungsform abgesichert. Daten-Kritik entspricht nämlich einer Kultur vermeintlich technologischer Fürsorge, da die kritisierenden smarten technischen Dinge und Algorithmen sich an menschliche Agierende wenden, noch bevor diesen etwas zustoßen könnte. Effekt ist eine Regierungsweise der freiwilligen Unterwerfung unter Fremdkontrolle (vgl. auch Andreas, Kasprowicz und Rieger 2018), die sich etwa im Umgang mit Assistenz-Systemen in der Pflege oder in Konzepten selbstfahrender Autos anschaulich zeigt.

Die Folgen dieser Regierung sind weitreichend. Während moderne Kritik mit Biopolitik als Organisation und Regulierung eines besseren und optimierten Lebens einherging, herrscht mit digitaler Kritik nun Techno-Politik. Sie zielt auf die Verbesserung von Technologie durch eine optimale Konnektivität menschlicher Agierender. Es geht mithin zum ersten Mal um eine Politik, in der Technologie eine eigene Rolle und zugleich die Hauptrolle spielt.

III. Kritik in digitalen Kulturen: Revolution, Mediokrität, Performender Alarmismus

Digitale Kulturen sind, so ließe sich zusammenfassend zuspitzen, Kulturen der Kritik, aus denen man weder aussteigen, noch sich ihnen verweigern kann. Denn man kann im täglichen Mediengebrauch nicht nicht kritisieren und ist zugleich über Kritik auf tiefsten Ebenen mit den technischen Umwelten verwoben. Es gilt also, diese Wirkungsweisen sowie die geschilderte Epistemologie digitaler Kritik zu erfassen und zu kappen. Ob der dargelegten techno-psycho-logischen Tiefe und Existenzialität der Bindung gilt es in der Tat, eine Entsagung von Kritik zu fordern, zumindest jedoch eine Ethik und Ästhetik der Zurückhaltung ihr gegenüber auszurufen.

In dieser Lage wird hier nun in aller Kürze vorgeschlagen, digitaler Kritik in einer äußerst vorsichtigen Verbindung von Annäherungen an Revolution mit zaudernder Affirmation in ihrer Funktion als Medialitätsbewältigung zu begegnen. Da moderne Kritik in der Auseinandersetzung mit ihrer digitalen Form nicht mehr greifen kann, sind dabei gänzlich andere Begriffe und Methoden zu entwickeln. Statt einer Kritik an Kritik wird das Begriffspaar der „Nähe-und-Distanz-Aushandlungen" vorgeschlagen. Denn diese Aushandlungen erzeugen als In-Verhältnis-Setzung ein distanziertes und zugleich involviertes Subjekt, das weder unhintergehbar konnektiertbar ist, noch das Subjekt illusionärer Vernunft und Freiheit moderner Kritik reproduziert.

Revolution! Resilienz ist Obedienz

Die Notwendigkeit auf digitale Kritik mit Annäherungen an das Narrativ der Revolution[5] zu antworten, d. h. mit der Option von

5   Der Bezug auf das revolutionäre Narrativ wird hier mit großer Vorsicht vorgeschlagen, da es Teil der sich perpetuierenden Selbstaufheizung von Kritik ist. Eine Revolution würde nämlich neue Verhältnisse erzeugen,

radikalen Schnitten mit bestehenden Verhältnissen, ergibt sich
aus der Verquickung ersterer mit dem Diskurs der Krise. Diese
Verbandelung erbt digitale Kritik von ihrer modernen Vor-
läuferin, treibt die Krise aber in die Eskalation. Digitale Kritik
überführt nämlich eine nach Reinhart Koselleck immer schon
bestehende Ko-Existenz von „Kritik und Krise" ([1959] 1992) in
Theorie und Praxis der Resilienz; ein Vorgang, der digitale Kritik
neben Kritik-als-Exzess und Daten-Kritik konstituiert. Resilienz
meint, dass technische und soziale Systeme sowie Individuen auf
die Adaption an Krisen und Katastrophen als Technologie des
Überlebens hin ausgelegt werden, was erst möglich wird durch
den Glauben an die prädiktiven und präemptiven Potenziale von
Datenoperationen. Systeme wären mithin so zu bauen, dass sie
Krisen überleben, statt Probleme zu lösen und Situationen zu
verändern. Daran wird deutlich, dass Resilienz im Sinne einer
unterwürfigen Anpassung an je entstehende, unvorhersehbare
Situationen Obedienz ist. Diese Resilienz wird in digitalen Kulturen zum Normalzustand und auf Dauer gestellt. Kritik mutiert
derart in ihrer digitalen Gestalt zum resilienten Krisenmanagement und wischt Gesellschaftskritik vom Tisch.

Die Annäherung an das revolutionäre Narrativ ist umso dring-
licher, als mit dem resilienten Krisenmanagement eine neue
Politik entsteht. Das mit moderner Kritik aufgebrachte, bereits
erwähnte Regime der Biopolitik wird nämlich durch eine neue Art
noch nicht beschriebener, technologisch bedingter Nekro-Politik
abgelöst.[6] Sie tritt da ein, wo Resilienz normalisierend zugrunde

die wiederum Revolutionen zur Folge haben können, und so fort.
Damit würde das revolutionäre Narrativ Kritik nicht in ihrer kulturtechnischen Regulierung erfassen können, die sich aus der Selbstregulierung
unterschiedlicher gesellschaftlicher Interessen in wechselseitiger Kritik
ergibt. Von Interesse an diesem Narrativ ist vielmehr die Idee, Verhältnisse
umzudenken.

6   Dieser Aspekt kann an dieser Stelle nur angerissen werden. Ausschlagend
für die Denkfigur der Nekro-Politik sind die Überlegungen von Eva Horn
zur Krisenbewältigung in Katastrophenfilmen (2010), die als ein Training
für ein Sterben-Lassen in resilienten Kulturen verstanden werden können.

 legt, dass das Überleben eines Systems immer zum Preis der Auslöschung einiger Bestandteile vor sich geht. Vor diesem Hintergrund wird aus der Bio-Macht, deren Aufgabe es ist, leben zu machen, die Akzeptanz, dass im Dienste der Resilienz das Sterben-Lassen von Teilen des Systems, darunter der eigenen oder anderer Personen, zur Bewältigung von Krisen angemessen ist.[7]

Dieser Politik der Interessen auf Leben und Tod gilt es entgegenzutreten und über einen radikalen Schnitt mit Resilienz, der Schwester des Turbo-Kapitalismus, zu spekulieren.

Affirmation Mediokrität: Mind the Gap, and Accept It!

Der ambivalente Umgang digitaler Kritik mit Medialität, die sich gleichermaßen als deren Entfesselung sowie deren Fixierung durch extreme Bindungen konstituiert, bietet sich für eine zaudernde, medienwissenschaftlich informierte Affirmation an. Deren Ziel ist es, die Bindungen an digitale Kulturen im Regime der Medialitätsbewältigung aufzulösen und zugleich die fixen Ordnungen sowie Unmittelbarkeit unterlaufenden Wirkungen von Medialität zu affirmieren.

Die Idee ist dabei, dass aus der Anerkennung der unhintergehbaren Medialität von Existenz andere Potenziale und Zustände als Konnektivität abgeleitet werden können. Medialität steht nämlich – wie eingangs bereits erwähnt – auch für Fragilität sowie das Wissen um die Kontingenz medialer Existenz, die einen

Entscheidend ist, dass in weiterer Forschung ein technologischer Begriff von Nekro-Politik auszuformulieren wäre, der im Konnex zur hier angerissenen Posthumanisierung menschlicher Existenz in digitalen Kulturen zu verorten ist.

7   Damit ist die technologisch-resiliente Nekro-Politik von Achilles Mbembes Konzept der turbokapitalistischen und kolonialen „Nekropolitik" (2014) zu unterscheiden. Denn während es bei Mbembe um eine Ausrottung bio-kultureller Systeme geht, meint die resiliente Nekro-Politik gerade die Optimierung von Systemen für ihr Überleben. Etwaige Verluste werden dabei als ein notwendiger Kollateralschaden entworfen und wären als solcher zu akzeptieren.

Zwischenraum bilden, um Verhältnisse zu problematisieren und anders zu gestalten. Diese Zwischenräumlichkeit untergräbt das vermeintliche Recht auf Ein- und Ausgrenzungen, Deutungshoheiten oder Normalisierungen. Kritik ist mithin in ihrer Performativität als Medium freizusetzen und zu affirmieren. Vor diesem Hintergrund könnte die zwanghafte Konnektivität digitaler Kritik in ein Aushandeln von Nähe und Distanz aufgelöst werden.

Affirmation Alarmismus: Performen, Queeren und Spekulieren

Schließlich gilt es, die paranoide und schizoide Konstitution digitaler Kritik jenseits der totalen Konnektivität zaudernd zu affirmieren. Paranoia als nichtmoderne Form von Erkenntnis steht nämlich nicht nur für eine erhöhte Aufmerksamkeit gegenüber digitalen Kulturen, sondern auch für eine Vielfalt an Interpretationen, bisher ungedachten Deutungen und Spekulationen (das Paranoische). Paranoia wäre ob dieser Verfasstheit also auf der einen Seite eine notwendige, hyperaufmerksame Haltung für digitale Kulturen, die zu politischen und ökonomischen Missbräuchen von Technologie und Daten tendieren. Paranoia könnte auf der anderen Seite als das Paranoische neue Sichtweisen ermöglichen. Die schizoide Konstitution des Subjektes kann schließlich als eine Befreiung von immer schon mit Macht belegter Subjektivität sowie für ein Wissen um die eigene Verbandelung mit der technischen Umwelt affirmiert werden. Das heißt, paranoische Schizoidie kann für ein fragiles Aushandeln von Nähe und Distanz genutzt werden und den Imperativ zur bedingungslosen Konnektivierung unterlaufen. Weder Paranoia noch Schizoidie erlauben einen Ausstieg aus der digitalen Bindung, da sie sie perpetuieren, eröffnen aber, so die Idee, Weisen mit ihr umzugehen.

Die paranoische Schizoidie steht auch für einen nichtmodernen Alarmismus, der zum schnellen und aufgeregten, oftmals unbedachten Handeln verführt. Dieser Zustand kann allerdings in seiner Dringlichkeit, die Entwicklungen paranoid-seismografisch notiert, produktiv gemacht und mit einer real-performativen experimentellen Praxis verbunden werden. Dies habe ich seit 2014 in einem Setting von „Performen, Queeren und Spekulieren" als Methode einer Reflexion von Kritik im Sinne des Aushandelns von Nähe und Distanz umgesetzt.[8] Ziel ist es, die technologischen Bedingungen digitaler Kulturen sowie die sie konstituierenden Diskurse im Performen mit hyperbolischen Methoden auf ihre Konsequenzen zu testen und zugleich aus der performenden Problematisierung andere Gestaltungsweisen zu erdenken und diese im Aus- und Aufführen gleich wieder zu überprüfen (vgl. Leeker 2016). Dieses Setting wird als Methode gesehen, den Verlust von kritischer Distanz moderner Kritik zu akzeptieren und im Performativen ein anderes Verhältnis von Innen und Außen, Konnektivität und Problematisierung, Nähe und Distanz zu generieren. Der performende Alarmismus wird mithin als medien- und kulturwissenschaftlich informierte Forschung zu digitalen Kulturen vorgeschlagen, die nicht nur analysiert, sondern auch analytisch-performend über andere Gestaltungen spekuliert und sich dabei – vor allem – digitaler Kritik enthält.

Literatur

Adorno, Theodor W. (1960) 1994. *Negative Dialektik*. Frankfurt am Main: Suhrkamp.
Andreas, Michael, David Kasprowicz und Stefan Rieger. 2018. *Unterwachen und Schlafen: anthropophile Medien nach dem Interface*. Lüneburg: Meson Press.
Boland, Tom. 2013. *Critique as a Modern Social Phenomenon: The Critical Society*. New York: Edwin Mellen Press.
Esposito, Elena. 2014. „*Algorithmische Kontingenz: Der Umgang mit Unsicherheit im Web*". In *Die Ordnung des Kontingenten*, herausgegeben von Alberto Cevolini, 233–49. Wiesbaden: Springer.
Horn, Eva. 2010. „Die Enden des Menschen: Globale Katastrophen als biopolitische Phantasie". In *Apokalypse und Utopie in der Moderne*, herausgegeben von Reto Sorg und Bodo Würffel, 101–18, München: Fink.
Kant, Immanuel. (1790) 1963. *Kritik der Urteilskraft*. Stuttgart: Reclam. Zugegriffen am 28. Mai 2021. https://www.projekt-gutenberg.org/kant/kuk/kuk.html.

8   Vgl. zu Projekten und Analysen: https://projects.digital-cultures.net/e-i/.

Koselleck, Reinhart. (1959) 1992. *Kritik und Krise: Studien zur Pathogenese der bürgerlichen Welt*. Frankfurt am Main: Suhrkamp.

Leeker, Martina. 2016. „Versehrte Dinge: Eine Ausstellungs-Performance im Übergang zum Technosphärischen". Zugegriffen am 28. Mai 2021. http://projects. digital-cultures.net/e-i/portfolio/versehrte-dinge-eine-ausstellungs-performance-im-uebergang-zum-technosphaerischen/.

Leeker, Martina. 2022. „Be part, play the game! Vorschlag für ein Modell zu Bildung in digitalen Kulturen". In *Kulturelle Bildung online*. Zugegriffen am 14. Januar 2023. https://www.kubi-online.de/artikel/ be-part-play-the-game-vorschlag-modell-bildung-digitalen-kulturen.

Martel, Frédéric. 2015. „Der Kulturkritiker ist tot: Es lebe die Smart Curation!" Zugegriffen am 28. Mai 2021. http://fredericmartel.com/wp-content/ uploads/2015/12/SmartCuration-German-PDF.pdf.

Mbembe, Achilles. 2014. „Nekropolitik". In *Biopolitik: Ein Reader*, herausgegeben von Andreas Folkers und Thomas Lemke, 228–73. Berlin: Suhrkamp.

PATRIARCHAT

HATESPEECH

KOLLEKTIVITÄT

EMANZIPATION

JOURNALISMUS

Die Arbeit der Kritik

Ein Gespräch der Herausgeberinnen mit Carolin Wiedemann

Kritiker*innen von Antifeminismus und Rechtspopulismus geraten schnell ins Kreuzfeuer öffentlicher Debatten und anonymer Onlinemobs. Wie nutzt der Rechtspopulismus das Netz? Welche neuen Widerstands- und Kollektivitätsformen antworten darauf? Wie kann eine Arbeit der Kritik in der Gegenwart aussehen? Carolin Wiedemann setzt sich mit dieser Frage wissenschaftlich auseinander und ist in ihrer Arbeit als Journalistin und Autorin beständig auch selbst damit konfrontiert.

Laura Hille/Daniela Wentz: Carolin, Du bist Soziologin, Buchautorin und schreibst als Journalistin vor allem zu feministischen Themen, unter anderem für die FAZ, ak und das Missy Magazine. Die Auseinandersetzung mit den Möglichkeiten und der Reichweite von Kritik hat Dich auch in Deiner wissenschaftlichen Arbeit beschäftigt. Der Titel Deiner Doktorarbeit ist *Kritische Kollektivität im Netz*. Was ist das Neue, Spezifische einer Kritik unter digitalen Bedingungen, wie Du sie dort herausgearbeitet hast?

Carolin Wiedemann: Zuerst will ich kurz skizzieren, was mit digitalen Bedingungen gemeint ist bzw. auf welche spezifischen Machttechniken ich mich in meiner Arbeit bezogen habe. Gilles Deleuze, das wurde oft zitiert, schrieb schon 1991, Kybernetik und Computer ständen für die Kontrollgesellschaften, in denen Mikrotechniken die Regungen der alltäglichen Kommunikationsbeziehungen abtasten, sie steuern und normieren. Und so vermessen und vermarkten sich Menschen heute mit allen möglichen Tools selbst, arbeiten online an ihrem Image und ihrer Reichweite, die sie nun überhaupt erstmals alle haben können, als „Influencer*innen" auf Instagram etwa. Andere kontrollieren und berechnen über verschiedene Apps, wie sie schlafen, essen, einkaufen, meditieren, welche Beziehungen sie führen. Sie verwalten, optimieren ihr Leben wie Unternehmen und hinterlassen Datenspuren, über die Konzerne und Regierungen sich freuen: Google etwa kooperiert mit dem Hersteller eines Fitness-Armbands, zu dessen Partner*innen wiederum eine Bank gehört, die Kund*innen höhere Kredite gibt, wenn deren Armband zeigt, dass sie sich effizient genug disziplinieren. Und staatliche Behörden und Institutionen sammeln ebenfalls fleißig Daten, um beispielsweise abweichendes, widerständiges Verhalten frühzeitig einhegen zu können. Das unternehmerische Selbst unterwirft sich dem kapitalistisch-kontrollgesellschaftlichen Regime freiwillig.

Was ist nun Kritik unter diesen Bedingungen? Erstmal wohl,
ganz klassisch, die Analyse der Zusammenhänge. Aber mir
ging es in meiner Arbeit vor allem um die Frage, was als
subversiv gelten kann gegenüber dem kapitalistisch-kon-
trollgesellschaftlichem Regime. Und da habe ich zweierlei
diskutiert: Erstens ein Begehren nach Gemeinschaft, nach
Kollektivität, nach Solidarität, die nicht nach Identitäts-
logiken organisiert ist, und zweitens das Unberechenbare,
das Ereignishafte, das sich (noch) nicht in Informationen
festhalten lässt. Am Phänomen *Anonymous* ließen sich
Formen von Kooperation ausmachen, die auf der Möglichkeit des spontanen, anonymen Austauschs im Netz basieren
und damit neue Formen von Kollektivität darstellen, die
die Spuren einzelner User*innen im Netz verwischen (vgl.
Wiedemann 2016).

LH/DW: Welche Rolle spielen bei dieser kritischen Kollektivität die
digitalen Infrastrukturen?

CW: Am Phänomen *Anonymous* wirkten die Internet-
Infrastrukturen selbst konstituierend mit: Erst in
Infrastrukturen, die anonyme Kommunikation ermöglichen,
konnte *Anonymous* als Kollektivität entstehen, also Formen
der dezentralen Steuerung aufweisen und somit handlungs-
und artikulationsfähig sein. Etwa beim gemeinsamen und
gleichzeitigen Verfassen von Texten auf einer Plattform,
die beliebig vielen Anonymen die Mitwirkung ermöglicht.
Neben Prozessen der spontanen Kooperation unter dem
Label *Anonymous* entwickelte sich ein gleichnamiges Netzwerk über verschiedene Seiten im Internet, die miteinander
in Verbindung standen und sich aufeinander bezogen – und
die ein Narrativ zu *Anonymous* verbreiteten, quasi eine
Repräsentation der Anti-Repräsentation: *Anonymou*s als Idee
und Verwirklichung einer hierarchiefreien Kollektivität, die es
erst mit dem Internet geben könne, weil es in der Anonymität
des Netzes keine Rolle spiele, ob jemand *Schwarz* oder *Weiß*,
Frau oder Mann oder was auch immer sei – alle Stimmen

seien damit gleich. Dieser Logik zufolge sollte kein*e Einzelne*r für *Anonymous* sprechen, denn die Idee gehörte allen und sie realisierte sich nur im Austausch. *Anonymous* war somit aber nicht nur die Idee, es war auch ein Kampf einzelner Aktivist*innen gegen Konzerne und Regierungen, die anonymen Informationsaustausch hemmen, ein Ringen darum, die eigenen Konstitutionsbedingungen zu verstetigen, ohne sich selbst als einzelne Aktivist*innen sichtbar zu machen und dadurch Hierarchien zu schaffen. *Anonymous* erinnerte an die euphorischen Texte aus der Frühzeit des Internets, in denen sich Technikoptimismus und Hippiegeist verbanden. Die alten Schriften von John Perry Barlow und Co. kannten die jungen *Anonymous*-Aktivist*innen aber meist gar nicht – *Anonymous* entstand erst im Austausch, also in der Erfahrung der anonymen Kommunikation. Die digitale Infrastruktur übernahm damit quasi jene Funktion, die in Gabriel Tardes Massentheorie der Führer innehat.

LH/DW: Gibt es ähnliche Kollektivitäten, die sich aktuell abzeichnen, und lassen sie sich vergleichen?

CW: Ein paar Bewegungen lassen sich von der Form her vergleichen, *Black Lives Matter* etwa. Anders als *Anonymous* entstand *BLM* aber natürlich nicht im Austausch im Netz, sondern als notwendige Reaktion auf rassistische Zustände, als Reaktion auf rassistische Polizeigewalt. Die Art der darauf folgenden Organisierung weist dann aber ähnliche Züge auf. *Black Lives Matter* hat sich vom Hashtag zur globalen Bewegung und weiter zum dezentralen Netzwerk entwickelt, das an verschiedenen Orten Gruppen und Einzelne verbindet, die der Grundidee folgen, welche der Hashtag zum Ausdruck bringt. Diese Gruppen und Einzelpersonen können im Austausch stehen, sich aber auch unabhängig voneinander organisieren und Aktionen planen oder Texte veröffentlichen. Ähnlich dezentral organisiert sich auch etwa die Klimastreik-Bewegung #Fridays for Future. Die Labels sind nicht geschützt, keine*r beansprucht die Definitionshoheit.

Der Versuch, sich möglichst herrschaftsfrei zu organisieren,
charakterisiert ja grundsätzliche linke Initiativen, linke,
also emanzipatorische Politik. Und dass die dezentrale
Organisationsform die etablierte Art und Weise, politisch
zu handeln und Öffentlichkeit herzustellen, unterläuft
und irritiert, zeigt sich etwa im Umgang der Medien mit
Kollektiven, wie mit „der Antifa". „Die Antifa" gibt es nicht und
trotzdem schreiben etablierte Zeitungen immer wieder von
ihr, als sei es eine Organisation, die sich so nenne, die eine
Adresse und Anführer*innen habe.

LH/DW: *4chan* und *Reddit* werden ja gerne als Ursprungsorte von
Anonymous beschrieben. Während es um *Anonymous* eher
still geworden ist, werden diese Onlineboards immer noch
als „Brutstätten" rechter Ideologie und antidemokratischer
Praktiken (Doxxing, Onlinemobs etc.) genannt. Kann man
hier eventuell von Kontinuitäten sprechen?

CW: Auf den Boards, auf denen man anonym chatten kann,
zeigte sich natürlich von Anfang an auch die Kehrseite dieser
Kommunikation. Wenn niemand zur Verantwortung gezogen
werden kann, schreiben alle ungefiltert alles, was sie denken.
Und auch die Menschen, die ins Netz gehen, sind nicht vom
Himmel gefallen, sondern sozialisiert in unserer Welt und
deshalb oft auch antisemitisch, rassistisch, misogyn und so
weiter. Die neue Geschwindigkeit, mit der dann Aussagen
verbreitet werden können, und die neue Reichweite dient
nicht nur Bewegungen wie *Black Lives Matter*, sondern auch
den Rechten, den Querdenker*innen und anderen Ver-
schwörungsideolog*innen, dazu forschen etwa Jessie Daniels
(vgl. z.B. 2018) und Manuela Caiani (vgl. z.B. Caiani und Kröll
2015) seit Jahren und Thilo Manemann (2021) zum Beispiel
hat für die Amadeo Antonio Stiftung rechtsterroristische
Online-Subkulturen analysiert. Auch die Rechten setzen auf
Schwarmmobilisierung. Die Formulierung „Brutstätte" aber
erweckt den Eindruck, rechte Ideologie entstehe im Internet.
Das ist falsch. Wo Ihr ja gerade nach Kontinuitäten fragt:

Ich denke, der Fortbestand nationalistischer, völkischer, also patriarchaler und rassistischer Denkweisen wurde in den vermeintlich aufgeklärten Demokratien in Europa und in den Vereinten Staaten von Amerika zu lange ignoriert oder verleugnet. Auch wenn natürlich Veränderungen von Kommunikationsbedingungen in Analysen gesellschaftlicher Prozesse unbedingt berücksichtigt werden müssen, lässt sich festhalten: Das Internet allein ist nicht schuld am Erstarken rechter Parteien und rechtspopulistischer Strömungen.

LH/DW: Du hast kürzlich das eindrucksvolle Buch *Zart und frei. Vom Sturz des Patriarchats* veröffentlicht (Wiedemann 2021). Darin schreibst du unter anderem über gegenwärtige antifeministische Bestrebungen. Gerade in Bezug auf den Antifeminismus (und auch dem Rechtspopulismus) wird oft eine Form der „Neuheit" suggeriert – eine neue Qualität oder Heftigkeit der Diskurse und auch Angriffe. Verführt „das Digitale" vielleicht auch dazu, immer alles als „neu" zu beschreiben?

CW: Bestimmt. Aber eine Achtsamkeit gegenüber Veränderungen im Diskurs ist ja sinnvoll und es ist eben gerade sehr viel in Bewegung. Das liegt auch an den etablierten Massenmedien. Die Zahl der Menschen, die z.B. chauvinistisch und „ethnozentrisch" eingestellt sind, hat sich in Deutschland in den letzten Jahrzehnten zwar kaum verändert, wie die Umfragen der Leipziger Autoritarismus-Studie zeigen (Decker und Brähler 2020)[1], doch der Rechtspopulismus ist offener und offensiver geworden, unter anderem weil etwa liberale Publikationen rechte Fragen wie „Oder sollen wir

[1] Die neue Leipziger Autoritarismus Studie von 2022 liegt mit Erscheinen dieses Bandes bereits vor und zeigt, dass vor allem der Antifeminismus in den vergangenen zwei Jahren zugenommen hat. Auch dies lässt sich u.a. mit der Verbreitung rechtspopulistischer Narrative erklären, die etwa feministische Bewegungen als diktatorisch darstellen, wie es etwa der emeritierte kanadische Psychologie-Professor Jordan Peterson, aber auch der *Zeit*-Autor Harald Martenstein tun.

es (die Seenotrettung) lassen?" aufgegriffen haben und weil Talkshows den Rechten die Bühne für ihre Verschiebungsstrategie bieten (Wiedemann 2019). In den Medienhäusern zeigt sich die aktuelle Entwicklung ohnehin ganz gut: Die Redaktionen und damit auch die Publikationen polarisieren sich. Der Spiegel etwa bietet der feministischen, linken Kommentatorin Margarete Stokowski eine seiner größten Bühnen, und veröffentlicht dann wieder eine Titelgeschichte, die zum Teil den „Cancel-Culture"-Spin der Rechten übernimmt und fragt, was man überhaupt noch sagen darf.

LH/DW: Inwiefern spielen die o.g. (digitalen) Medien auch für die antifeministische Mobilisierung eine Rolle?

CW: Die Vernetzung über Social Media ist zentral für die antifeministische Szene. Auf Reddit etwa, dem berühmten Chat-Portal, findet sich eins der wichtigsten englischsprachigen Foren der Männerrechtler: *The Red Pill*. Der Name ist eine Referenz auf den Film *Matrix*, in dem der Held Neo sich dazu entscheidet, die rote Pille der Wahrheit zu schlucken und sich nicht weiter einer Illusion über die Welt hinzugeben. Die Maskulinsten auf dem Forum sehen sich als Neos der Geschlechterverhältnisse, die erkennen: Dass Frauen und vor allem Feministinnen unsere Gesellschaft heimlich dominieren. Diese Behauptung streuen maskulinistische Gruppen auch im deutschsprachigen Internet, sie haben dafür extra eine eigene Enzyklopädie, die *Wikimannia*, angelegt, weil man auf Wikipedia angeblich nur feministische Lügen fände. Und auch diverse Blogs verbreiten antifeministische Hetze, die zum Teil offen völkisch, also rechts ist, wenn es etwa heißt, Weiße Männer müssten die Kontrolle über die Reproduktion des Volkes (zurück) gewinnen und damit die Kontrolle über „die Frauen". Die Identitären nutzen das Internet ebenfalls stark für ihre Mobilisierung. Ich habe zwar vorher gesagt, das Internet sei nicht schuld an menschenverachtenden Einstellungen, aber wenn Menschen aus verschiedenen Gründen (rechtes Umfeld, Gewalterfahrung, arm, einsam…)

ohnehin schon anfällig für rechte Propaganda sind, dann können diese Seiten und Foren die Radikalisierung begünstigen, sie erleichtern die gemeinsame Organisation. Deshalb braucht es gegenwärtig mehr Regulierung im Netz. Das wäre keine Zensur, wie die Rechten rufen. Rassistische, misogyne, antisemitische Äußerungen müssen als solche identifiziert werden. Es reicht nicht, solche Äußerungen einfach zu verbieten – man muss den Menschen klarmachen, wie tief Rassismus und Co noch in unserer Gesellschaft sitzen und warum das ein Problem ist. Klarmachen, woher diese menschenverachtenden Ideologien kommen, wie sie entstanden sind, auf welchen Lügen sie bauen. Mehr Regulierung im Netz würde außerdem noch etwas anderes bedingen und bedeuten: Eine Vergesellschaftung digitaler Infrastrukturen. Es ist nicht akzeptabel, dass einzelne Plattform-Unternehmen extreme Gewinne mit den Inhalten machen, die Menschen täglich für Instagram und Co. produzieren, und dass sie, die Unternehmen, darüber verfügen, wie die Kommunikation dort läuft, wie sie strukturiert wird usw. Einzelne Unternehmen, sei es Facebook oder YouTube agieren allein profitorientiert - ob die Inhalte menschenverachtend sind, ist ihnen im Zweifel egal. Und wenn nun Kapitalisten, die selbst auch noch rechter Ideologie anhängen, die Macht über die Plattformen erlangen, dann zeigt sich die Notwendigkeit der Vergesellschaftung der digitalen Infrastrukturen umso mehr.

LH/DW: Welche Rolle spielt Kritik in diesem Buch?

CW: Es geht mir in *Zart und frei* um Kritik an gegenwärtigen patriarchalen Machtverhältnissen und Möglichkeiten der Emanzipation von ihnen. Im Fokus steht die Frage, inwiefern es heute (noch) sinnvoll ist, von Patriarchat zu sprechen, inwieweit sich in den antifeministischen Bewegungen und Bestrebungen der letzten Jahre gewissermaßen die Beharrlichkeit des Patriarchats zeigt, und wie es mit anderen Herrschafts- und Ausbeutungsverhältnissen zusammenhängt.

Inwiefern sich also in die bürgerliche, kapitalistische
Gesellschaft nationalistische und patriarchale Muster eingeschrieben haben, wie sie zusammenwirken und noch
fortwirken.

LH/DW: Du gehst in Deinem Buch auch auf das virulente Thema
der „Identitätspolitiken" ein. Jenseits des medialen Diskurses
um „Beissreflexe" und Sprechverbote (vgl. Patsy l'Amour
laLove 2017) ermöglichen kritische Interventionen und
queerfeministische Praktiken ja auch neue Handlungs- und
Möglichkeitsräume.

CW: Zuerst kurz zur „Identitätspolitik", weil Ihr die Diskussion
dazu ansprecht. In dieser Diskussion gibt es ja viele Missver-
ständnisse, darauf wurde schon oft verwiesen, etwa von Lea
Susemichel und Jens Kastner (2020). Eine emanzipatorische,
linke Identitätspolitik ist eigentlich nur im strategischen
Sinn Identitätspolitik. Sie hat die Abschaffung ihrer eigenen
Voraussetzungen zum Ziel, die Abschaffung jener Identitäten, die Menschen hierarchisieren. Rechte betreiben
dagegen genau diese hierarchisierende, essentialisierende
Identitätspolitik, sie glauben etwa, die Menschen seien von
Natur aus oder von Gott aus nach bestimmten Kategorien,
nach Identitäten geordnet, die mit unterschiedlichen
Eigenschaften einhergehen. Linke, also strategische Identitätspolitik dekonstruiert genau diese Annahmen und zeigt
auf, wie sehr sie zur Legitimierung von Machtverhältnissen
dien(t)en. Und fordert dann einen Ausgleich. Eine Frauen-
quote für Podien auf Konferenzen oder Redaktionen z.B. ist
ein emanzipatorisches identitätspolitisches Instrument. Weil
Frau-Sein in dieser Gesellschaft so lange bedeutete, nicht
gehört zu werden, muss die Unterdrückung aktiv bekämpft
werden. In der Öffentlichkeit wird oft nur die Kritik an dis-
kriminierender Sprache, etwa die Forderung Sprache zu
gendern, als Identitätspolitik gesehen, und dann warnen vor
allem alte Linke gerne davor, dass man vergesse, tatsächliche
soziale Ungleichheiten zu bekämpfen, wenn man sich auf die

symbolische Ebene konzentriere. Diese Warnung verkennt, dass das Symbolische und das Soziale sich bedingen. Die Bekämpfung von Sexismus oder Rassismus etwa richtet sich ja nicht nur gegen diskriminierende Sprache, sondern zeigt auch auf, dass man als Frau und migrantisierte Person z.B. eher ausgebeutet wird und weniger Zugang zu Reichtum hat, und macht die Zusammenhänge von Denken, Sprechen, Handeln und Strukturen klar.

Ja, daraus ergeben sich Handlungs- und Möglichkeitsräume. Die kritische Analyse dessen, was uns heute und hier normal und natürlich scheint, die feministische Analyse eines binären Geschlechtermodells etwa, ist die Voraussetzung für neue Praktiken. Und so deute ich es zum Beispiel als gutes Zeichen, dass die Zahl junger Männer, die sich feministisch engagieren und feministische Gruppen unterstützen wollen, in den letzten Jahren stark zunimmt. Die jungen Menschen ermutigen sich auch über Tiktok und Instagram, ihre Identitäten zu politisieren, die historische Bedingtheit, die Gewachsenheit der vermeintlich natürlichen Unterschiede zu reflektieren.

LH/DW: Wie bewertest Du als Journalistin die gegenwärtige Situation der öffentlichen Auseinandersetzung? Ich habe den Eindruck, dass gerade im klassischen Journalismus eine große Rat- und Hilflosigkeit herrscht, wie mit den neuen und alten Populist*innen, Rassist*innen und Antifeminist*innen umzugehen wäre und ist. Welchen Anteil haben die Medien an deren Erfolg?

CW: Ich teile Euren Eindruck. Oft haben Journalist*innen, auch in kritischer Absicht, auf die „Zensur"-Klagen der neuen und alten Populist*innen reagiert und dann eben etwa Mitglieder der AfD in Talkshows eigeladen, in der Hoffnung, dass die Rechten sich dann nicht mehr als die armen Unterdrückten geben könnten, die vom vermeintlich linken Medien-Mainstream ausgeschlossen würden. Aber die AfD weiß jedes

Podium zu nutzen, um ihre falsche Inszenierung nur noch weiter zu verbreiten. Dieses grundlegende Narrativ ist zum Teil tatsächlich eine Täter-Opfer-Verdrehung. Wähler*innen der AfD sind ja im Durchschnitt gerade nicht die, die benachteiligt werden, in der Schule etwa, im Vorstellungsgespräch oder bei der Gehaltsverhandlung (das werden vielmehr genau jene Gruppen, die sie verbannen will).

In der FAZ durfte Alexander Gauland einen Gastbeitrag schreiben. Die Zeitung bot jemandem, der die Grundsätze unserer Verfassung in Frage stellt, eine Bühne mit der Begründung, es handle sich um eine demokratisch legitimierte Partei. Gauland durfte dort schreiben, weil es die Demokratie so will? Dieses Argument zählt in meinen Augen nicht, wenn diejenigen, die darüber einbezogen werden sollen, die Grundsätze der Demokratie doch selbst angreifen, wenn der Angriff der Demokratie, wie im Fall der AfD, gar ihr Fundament ist. Das heißt nicht, dass man jemanden wie Gauland ignorieren sollte. Viele Journalist*innen schaffen es ja auch, Rechte und Rechtspopulist*innen auf eine Weise zu interviewen, die ihre Gesinnung offenlegt, die ihre Opfer-Inszenierung demaskiert. Oder sie machen das durch die Analyse ihrer Texte und Reden. Journalist*innen wie Heike Kleffner oder Patrick Gensing leisten ja seit Jahren extrem wichtige, aufklärerische Arbeit.

LH/DW: Sind solche Analysen auch Strategien in Deiner journalistischen Arbeit?

CW: Ich versuche es.

LH/DW: Wie sind die Reaktionen, die Du auf Deine kritischen Artikel bekommst? Haben sie sich im Laufe der Zeit gewandelt?

CW: Es gibt andere Journalist*innen, die viel häufiger viel aggressiveren Angriffen von rechts ausgesetzt sind. In meinem Fall ist vielleicht ganz interessant, wie auf die

Tatsache reagiert wird, dass ich in der FAZ, in der Frankfurter Allgemeine Quarterly oder im Feuilleton der Sonntagszeitung über Antifeminismus und Rassismus oder auch über diverse emanzipatorische Lebensformen berichtet habe, über feministischen Porno und das Leben jenseits der bürgerlichen Kleinfamilie. Das empört manch klassischen FAZ-Leser, wie sich mir in den Reaktionen zeigt. Thilo Sarrazin hat mich in seinem Buch zum „Tugendterror" 2014 erwähnt, um zu unterstreichen, wie weit es eben jener Terror gebracht habe, wenn solche feministischen Artikel in der FAZ stehen. Das ist fast lustig; es geht aber nicht um Provokation. Ich finde es gut, wenn ich etwa in der FAZ über diese Themen schreiben kann, in der Hoffnung, dass damit vielleicht ein paar Leute Lust auf die Lektüre feministischer und anderer herrschaftskritischer Texte kriegen, die sonst eher nicht damit in Berührung kämen.

LH/DW: Angesichts von Hass im Netz, Fake News, Filterblasen, Gamergate etc.: Müssen wir das Netz verloren geben oder gibt es hier noch Räume für die alten Träume?

CW: Pathetisch und kurz: Wir brauchen neue Träume. Vom Netz und von der Welt, die darin verwoben ist. Träume, die uns die Kraft geben, die Arbeit der Kritik zu erledigen, und den Mut, die jetzige Ordnung und uns selbst herauszufordern.

LH/DW: Vielen Dank für das Gespräch.

Literatur

Daniels, Jessie. 2018. „The Algorithmic Rise of the ‚Alt-Right'". *Contexts* 17 (1): 60–5.
Decker, Oliver und Elmar Brähler, Hg. 2020. *Autoritäre Dynamiken: Neue Radikalität – alte Ressentiments. Leipziger Autoritarismus Studie 2020*. Gießen: Psychosozial-Verlag.
Caiani, Manuela und Patricia Kröll. 2015. „The Transnationalization of the Extreme Right and the Use of the Internet". *International Journal of Comparative and Applied Criminal Justice* 39 (4): 331–51.

L'Amour laLove, Patsy, Hg. 2017. *Beißreflexe: Kritik an queerem Aktivismus, autoritären Sehnsüchten, Sprechverboten*. Berlin: Querverlag.

Manemann, Thilo. 2021. *Rechtsterroristische Online-Subkulturen*. Berlin: Amadeo Antonio Stiftung.

Susemichel, Lea und Jens Kastner. 2020. *Identitätspolitiken: Konzepte und Kritiken in Geschichte und Gegenwart der Linken*. Münster: Unrast.

Wiedemann, Carolin. 2016. *Kritische Kollektivität im Netz: Anonymous, Facebook und die Kraft der Affizierung in der Kontrollgesellschaft*. Bielefeld: Transcript.

Wiedemann, Carolin. 2019. „Zensur! Oder: Wessen Freiheit?" *Navigationen. Zeitschrift für Medien und Kulturwissenschaften* 19 (2): 47–63.

Wiedemann, Carolin. 2021. *Zart und frei. Vom Sturz des Patriarchats*. Berlin: Matthes und Seitz.

SILICON VALLEY

TRANSHUMANISMUS

NEOREAKTIONISMUS

CALIFORNIAN IDEOLOGY

TECHNO-LIBERTARIANISMUS

Der dunkle Transhumanismus

Laura Hille

Der Transhumanismus versteht sich als eine Philosophie, manchmal auch Bewegung, die die Erweiterbarkeit und das Enhancement des Menschen in den Vordergrund stellt. Der Transhumanismus hat aber eine dunkle Seite, die einem technikdeterministischen Denken der Gegenwart sehr nahesteht. In diesem Essay werden ideologische Verbindungen des Transhumanismus aufgezeigt, die einem rechten Techno-Libertarianismus entsprechen: Erstens bietet der *Neoreaktionismus* (NRx), auftretend als eine obskure, fast schon meme-ige Philosophie, die auch *The Dark Enlightenment* genannt wird, Anknüpfungspunkte zu rechten Ideologien wie Rassismus, Sexismus, Biologismus und Eugenik. Zweitens

 befasst sich der Transhumanismus nicht nur mit der technischen Erweiterbarkeit des Menschen, sondern mit nichts Geringerem als der *Unsterblichkeit* des Menschen. Drittens münden die merkwürdigsten personellen Überschneidungen im *Silicon Valley* in die Vision schwimmender Städte, die durch einen CEO-Monarchen regiert werden. Follow me into the rabbit hole...

I remain committed to the faith of my teenage years: to authentic human freedom as a precondition for the highest good. I stand against confiscatory taxes, totalitarian collectives, and the ideology of the inevitability of the death of every individual. For all these reasons, I still call myself „libertarian".
– Peter Thiel

Unter dem Pseudonym Josephine Armistead veröffentlicht 2016 ein*e unbekannt*e Autor*in den Text *The Silicon Ideology*. Der Titel ist nicht nur eine Anspielung, sondern eine gezielte Referenz zu dem mittlerweile kanonischen Text *The Californian Ideology* von Richard Barbrook und Andy Cameron von 1995. Die Medienwissenschaftler Barbrook und Cameron zeichneten darin nach, wie aus der Kalifornischen Bay Area das Silicon Valley wurde – und welche Ideologien und Politiken diese Entwicklung beeinflussten. Die Gegenkultur der 1960er Jahre hatte sich bereits – überraschend nahtlos – mit den Cyberutopien der 1990er verbunden, wie Fred Turner eindrucksvoll in *From Counterculture to Cyberculture* (2006) herausgearbeitet hatte. Während Barbrook und Cameron dem augenscheinlich widersprüchlichen „mix of technological determinism and libertarian individualism" auf die Schliche kamen und als „hybrid orthodoxy of the information age" (1995) herausarbeiteten, verfolgt Armistead weitere Ideologien, Politiken und Praktiken des durch heroische Figuren und angebliche Selfmade-Millionäre mythologisierten Ortes in der Bay Area. Armistead beschreibt eindrücklich einen „techno-utopian right-libertarianism pervasive in the tech industry" (2016, 2), der Sumpfblüten wie den sogenannten *Neoreaktionismus* (NRx) hervorbrachte und sich schnell mit der sogenannten Alternativen Rechten (Alt Right) verband. Der Journalist Matthew N. Lyons benennt in *Control-Alt-Delete – The Origins and Ideology of the Alternative Right* (2017) noch weitere große ideologische Strömungen, die für die Renaissance des reaktionären Denkens und dem Aufstreben der Alternativen Rechten (in den USA) verantwortlich sind: Neben der klaren Referenz zur Vorherrschaft der Weißen finden sich in Misogynie und Paleokonservatismus schnell gemeinsame Referenzen.

Zudem beschrieben Cameron und Barbrook, wie die „liberal idea of the self-sufficient individual" mit einem „extropian cult" in Einklang gebracht werden konnte. Der Extropianismus wirft einen optimistischen Blick auf die Zukunft der Menschheit und fördert explizit eine technische Zukunft der Menschheit. Armistead benennt diese Verbindung von rationalem Individuum und Fortschrittsdenken als den *Transhumanismus*, eine sich fast schon zur Religion erhebenden Ideologie; einer Religion, die keine Götter kennt, Regierungen als Hindernis für technischen Fortschritt versteht und deswegen Nationalstaaten als obsolet, nicht einmal die existentielle Notwendigkeit des Todes anerkennt. Diese Religion kennt nur die Erweiterbarkeit und Apotheose des Menschen – mit, durch und in der Technologie. Eine machtvolle Ideologie verschmilzt so im gegenwärtigen Silicon Valley mit glänzender Technik und einem spezifischen Verständnis davon, was der Mensch ist – und werden kann. Armistead beschreibt den Transhumanismus zudem als Teil der Emergenz des gegenwärtigen Faschismus.

 Dieses Essay versucht ebenfalls ideologische Gemeinsamkeiten auszuarbeiten. Drei Strömungen bilden so das, was ich den *Dunklen Transhumanismus* nennen werde: Erstens der *Neoreaktionismus*, zweitens der *Transhumanismus* und drittens der *Techno-Libertarianismus*. So wird deutlich, dass der dunkle Transhumanismus, der die Befreiung des Menschen aus seinen körperlichen Beschränkungen durch Technik herbeisehnt, nie unpolitisch sein kann. Er entspricht von vornherein einer reaktionären Ideologie.

Wie Barbrook, Cameron, Lyons und Armistead immer wieder deutlich machen, ist es bei der Nachzeichnung der Zusammenhänge besonders relevant, die Digitalen Kulturen in den Vordergrund zu stellen. Denn das schrecklich-schönste an dieser sehr dunklen Seite unserer gegenwärtigen Digitalen Kultur ist auch gleichzeitig Gegenstand der Kritik und Methode der Analyse: Der dunkle Transhumanismus muss nicht in archäologischen Schichten abgetragen, seine historischen Ursprünge im Faschismus der letzten hundert Jahre untersucht, sein philosophischer Gehalt ethisch hinterfragt, seine Sprache und Codes interpretiert werden; der dunkle Transhumanismus agiert nicht im Geheimen, verschwört sich nicht im Dark Net oder wird nur mit einer elitären Gruppe an Zugehörigen geteilt. Wie Simon Strick in *Rechte Gefühle: Affekte und Strategien des digitalen Faschismus* schonungslos deutlich gemacht hat, ist die rechte Gegenöffentlichkeit nur „zwei Klicks entfernt" (2021, 25). Als treuer Weggefährte der neuen Rechten ist so auch der dunkle Transhumanismus auf dubiosen Blogs, in widerlichen Subreddits, stundenlangen Monologen auf Youtube und in Podcasts, in hasserfüllten Image-Boards und kryptischen Tweets zu finden; er ist nicht geheim, undurchschaubar oder unverständlich. Das rabbit hole, in das ich einlade, steht jedem offen. Alice ist in das rabbit hole gestolpert, sie hat es nicht einmal gesucht. Das digitale Archiv zeigt uns ungeschönt, brutal, ubiquitär, alles zersetzend den Rechtsruck unserer Gegenwart: Der Paypalgründer Peter Thiel hält Vorträge, in denen er die Demokratie als gescheitertes Projekt lieber direkt abschaffen will, der britische Philosoph

Nick Land lacht als @Outsideness aus seinem Exil in Shanghai heraus auf Twitter über im Mittelmeer ertrunkene Geflüchtete, der Rassist Richard Spencer schreit auf Youtube „Heil Hitler" in eine grölende Menge voller White Supremacists, der Blogger Mencius Moldbug prangert auf seinem Blog den Feminismus als den Untergang des Abendlandes an. Auf reddits *r/theredpill* sammeln sich Männer, die durch progressive Politiken ihre Privilegien bedroht sehen, auf 4chans *b/pol* schreibt Anon „covid is a hoax your [sic] taken over by socialists your world is fucked lol dumb humans". Nichts davon ist geheim, nichts davon ist schwer zugänglich – und nichts davon ist reines Trolling.

Neoreaktionismus

Dem ehemaligen White House Chief Strategist and Senior Counselor to the 45th President of the United States Donald J. Trump, Steve Bannon, wird nachgesagt, er sei ein aufmerksamer Leser neoreaktionärer Blogs und Philosophien (vgl. Gray 2017). Das sollte nicht sonderlich überraschen, ruft man sich ins Gedächtnis, dass Bannon schon für Trumps Präsidentschaftswahlkampf 2016 die Macht des Digitalen nicht nur antizipierte, sondern auch für seine Zwecke nutzte. Bereits seit 2012 förderte Bannon mit der extrem rechten Internetseite *Breitbard News* den Rechtsruck immens. Und er war Vizepräsident von *Cambridge Analytica*. Bannon konnte so aus erster Hand daran mitwirken, wie Facebook als politische Waffe in Wahlkämpfen genutzt werden konnte, und wurde nur durch ein Presidential Pardon vor einer Haftstrafe gerettet, nachdem in der *We Build A Wall*-Kampagne Millionensummen einfach verschwunden waren. Der Neoreaktionismus, oder auch NRx, wie ihn die coolen Kids nennen, schreibt gegen progressive Linke, wohlfahrtsstaatliche Maßnahmen, Feminismus, Gender, den Staat, Egalitismus und Nicht-Weiße. Neoreaktionismus sucht und findet so immer wieder produktive Anknüpfungspunkte an konservative Weltanschauungen und kapitalistische Meritokratien, gerade durch eine Identifikation gegen gemeinsame Feinde:

> Neoreaction is another dissident right-wing current with a vision of small-scale authoritarianism that has emerged online in the past decade, which overlaps with and has influenced the Alternative Right. Like the Alt Right und much of the manosphere, neoreaction (often abbreviated as NRx, and also known as Dark Enlightenment) is a loosely unified school of thought that rejects egalitarianism in principle, argues that differences in human intelligence and ability are mainly genetic, and believes that cultural and political elites wrongfully limit the range of acceptable discourse. Blogger Curtis Yarvin (writing under the pseudonym Mencius Moldbug) first articulated neoreactionary ideology in 2007, but many other writers have contributed to it. (Lyons 2017, 12)

Weitere Schreiberlinge des Neoreaktionismus sind Nick Land, der „English critical theorist turned far-right cult-thinker" (O'Connell 2017a) und der Futurist Michael Anissimov. NRx ist das Wechselbalg einer spezifischen Bay Area Kultur, Teil einer Silicon Valley Ideologie, welche durchdrungen ist von einem libertären Wunsch von Programmierern und Nerds, die auf einen angeblich erstickten Schrei nach Rationalität antworten (vgl. Pein 2018). Dass hier nicht gegendert werden muss, erklärt sich von selbst.

Unter dem Titel *The Dark Enlightenment* zirkuliert eine zum Teil sehr wirre Textsammlung von Land, inspiriert von Guattari, Deleuze und dem kybernetischen Feminismus der 1990er Jahre, in denen er unter anderem erklärt: „democracy is not merely doomed, it is doom itself" (2013). Nick Land ist auch in den Sammelbänden des linken Akkzelerationismus vertreten und gilt so als Mitinitiator und Vordenker eines kommenden Endes des Kapitalismus (vgl. Mackay und Avanessian 2014). Dass der beschleunigte, hochtechnisierte Kapitalismus „uns" von uns selbst befreien wird, ist so nicht nur eine beliebte Idee von rechts.

Anissimov wird noch in der 1994 erschienenen Bibel der Transhumanisten, *The Singularity is Near,* von Ray Kurzweil rauf und runter zitiert. Inzwischen hat er Twitter den analogen Rücken zugekehrt und ruft dazu auf, selbstverwaltete, souveräne „white compounds" in der Einöde zu errichten.[1] Anissimov ist Faschist, verehrt den anti-egalitären italienischen Rassisten Julius Evola, der natürlich Mussolini bewunderte und mit der nationalsozialistischen SS kollaborierte. Evola zählt auch heute noch als einer der Chefideologen der radikalen Rechten im Nachkriegs-Italien, die Identitären und Anissimov finden sich so in sehr guter Gesellschaft zum Faschismus des italienischen Futurismo der Jahrhundertwende.[2]

Der Name NRx selbst geht – drittens – auf den Programmierer Curtis Yarvin zurück. Auf seinem Blog *Unqualified Reservations* (UR) erklärt er unter Anderem das Konzept der „Cathedral", einem ausgewiesenen Feind des NRxlers:

> And the left is the party of the educational organs, at whose head is the press and universities. This is our 20th-century version of the established church. Here at UR, we sometimes call it the *Cathedral* – although it is essential to note that, unlike an ordinary organization, it has no central administrator. No, this will not make it easier to deal with. (Moldbug 2009)

The Cathedral und mit ihr ihre Institutionen wie Schulen, Universitäten, Massenmedien und Regierungen, die Demokratie im Allgemeinen, seien fundamental krankhaft, korrupt und verdorben. NRx findet sich so ebenfalls in herausragender Gesellschaft zur Manosphere, einem vornehmlich online agitierenden Netzwerk aus Maskulinisten (vgl. Neiwert 2017). Der Kanadische Psychologe, Youtube-Star, Bestsellerautor von Selbsthilferatgebern und Verteidiger frustrierter, junger Männer, Jordan B. Peterson würde

---

1   Die Idee für einen solchen selbstverwalteten Raum kommt übrigens von dem Volkswirt und Paläokonservativen der Österreichischen Schule, Hans-Hermann Hoppe.

2   Die Verbindung von Faschismus und Technikfetisch ist selbstverständlich keine Neuheit. Vgl. zu einer historischen Übersicht des reaktionären Denkens, dem Zeitalter der Technik und deutscher Nachkriegsphilosophie (Voller 2012).

die Cathedral wohl heute *Postmodern Cultural Marxism* nennen (vgl. Burgis et al. 2020). Diese angeblich dominante Ideologie an Universitäten und in der Presse, meist als Kampfbegriff im Zusammenhang mit Wokeness, Political Correctness, Gendern und Identitätspolitiken eingesetzt, verteile Sprachverbote, verunmögliche das Denken und beraube Menschen ihrer Freiheit. Cancel Culture wird auch hier nicht selten mit Praktiken der katholischen Inquisition gleichgesetzt.

NRx ruft zudem nach der Etablierung von mehr Stadtstaaten nach dem Vorbild Singapurs und fordert, die parlamentarische Demokratie mit der Regierung durch eine wohlwollende künstliche Intelligenz zu ersetzen. Sollte die KI sich nicht schnell genug zur gottähnlichen Hoheit erklären können, sollten bis dahin wenigstens Tech-Milliardäre wie Elon Musk die Stadtstaaten als CEO-Monarchen führen. Diese würden umgehend die Probleme der Gegenwart als „govcorp", einer Regierung, die einem Unternehmen gleicht, technisch lösen. Machiavellis Figur des Fürsten trifft hier malthusianische Apokalypse in Oswald Spenglerischer Untergangserzählung (vgl. Hui 2017). Und diese Apokalypse scheint vorprogrammiert, in die Technologie eingeschrieben, wenn man den Schreiberlingen des Neoreaktionismus glauben soll. Das Ende ist so bereits eingeschrieben in die Zukunft der Menschheit.[3]

Transhumanismus

Am 21. April 1997 wurde eine Pegasus-XL-Trägerrakete in den Weltraum geschickt. In ihr befanden sich 24 Kapseln, die mit den Überresten Verstorbener gefüllt waren. Nach einigen Jahren Reise durch das All verglühte die Rakete am Himmel wie eine Sternschnuppe, als sie wieder in die Erdatmosphäre eintrat. Ein bis sieben Gramm kremierte Asche von dem Star Trek-Schöpfer Gene

---

3   Ana Teixeira Pinto erkennt in den Onlinedebatten um die weltregierende AI der Zukunft eine „paranoid irony", die durch „meme magic" (Pinto 2018, 19) sogar Trump in das Weiße Haus hievte.

Roddenberry und dem Raumfahrtpionier Krafft Ehricke wurden
so in die Erdumlaufbahn geschickt. Auf seiner letzten Reise
befand sich auch Timothy Leary, der wohl bekannteste „Drogen-
Guru" der 1960er und 70er Jahre.

Eigentlich hatte Leary sich vor seinem Tod für die Kryonik eingesetzt. Die Transhumanist*innen Max More und Natasha
Vita-More waren geschockt, als sie erfuhren, dass Leary doch
lieber eine Sternschnuppe werden wollte als seinen Kopf in einem
Behältnis mit flüssigen Stickstoff bei minus 196° C einfrieren zu
lassen (vgl. Ito 2018). [4] Denn seinen Platz hatte Leary in der von
More betriebenen Kryonik-Klinik *Alcor Life Extension* in Phoenix,
Arizona, ja schon länger reserviert. Vielleicht war für ihn sogar
direkt neben Ray Kurzweil ein Platz eingeplant, der nach seinem
Tod seinen Kopf ebenfalls in Arizona einfrieren lassen wird.
Leary, an Prostatakrebs erkrankt, habe aber vor der sogenannten
„Deathism"-Ideologie unserer Gesellschaft kapituliert (vgl. Heard
1997). 25.000 US-Dollar kostet es, den eigenen Kopf einfrieren
zu lassen – inklusive fachgerechter Abtrennung durch medizi-
nisches Personal, die rechtzeitige Überführung des Körperteils
via Flug und die Speicherung in Stickstoff – bis eine Technologie
der Zukunft das Auftauen ermöglicht. Und vielleicht gar die
Heilung der Krankheit, die einen erst in die Eisbox verfrachtete.
Der Betrag wird an einen Trust Fund gezahlt, so dass auch in
Jahrzehnten *Alcor Life Extension* noch genug Geld haben soll, um
die Köpfe aufzuheben. Wer das nötige Kleingeld hat, kann auch
den ganzen Körper sichern. Der Futurist Max More, geboren
Max O'Connor, aber den Namen an seine Philosophie angepasst,
verfolgt das Ziel, die Fähigkeiten des Menschen zu steigern und
unsere fleischlichen Begrenzungen durch Technologie aufzuheben, vielleicht sogar unsterblich zu werden (vgl. More und
Vita-More 2013). Dass ausgerechnet der Evolutionshumanist
und glühende Eugeniker Julius Huxley 1957 die erste Definition

4   Vgl. zur Kryonik von Verschuer (2020) und einen guten Überblick über die
     sogenannte „Kryopolitik" (Lemke 2019).

 des Transhumanismus lieferte und hier noch den Menschen als zweckorientiertes, selbstbewusstes, rationales Wesen in die Verantwortung für die Zivilisation nimmt, wird eher selten erwähnt. Huxley sorgte sich schließlich auch vor Bevölkerungswachstum und der Fortpflanzung der „falschen" Zivilisationen. Huxley spricht gar von einer bevorstehenden und notwendigen „world's unrest" (2013, 12), um die Transzendenz des Humanen zu erreichen. Der More'sche Transhumanismus verspricht den Techniksolutionismus: dass in der Zukunft die Medizin, Biologie und Biotechnologie sicherlich so weit gewesen sein wären, Learys Kopf aufzutauen und, wenn nicht gar ihn wieder zum Leben zu erwecken, zumindest sein Bewusstsein in einem neuen, technischen Körper hochzuladen. Das kann je nach Einschätzung in 10 bis 10.000 Jahren der Fall sein.

Lieber in zehn. Jedenfalls hofft das der Futurist Zoltan Istvan. Dieser investiert auch in die Unsterblichkeit. Für die US-Präsidentschaftswahlen 2016 fuhr Istvan als Kandidat der *Transhumanist Party* fast 600 Meilen in einem Schulbus durch die USA, um die Menschheit über jenen „Deathism"-Kult aufzuklären (vgl. O'Connell 2017b). Er hatte den Schulbus in einen riesigen Sarg umgebaut. Wenn die Menschheit endlich verstehen würde, dass der Tod optional ist, würde sie auch mehr in die Unsterblichkeit investieren, so Istvan. Ähnlich sieht es auch die *Partei für Gesundheitsforschung*, die bei der Landtagswahl 2020 in Sachsen-Anhalt 0,4 Prozent der Stimmen erhielt und in sechs Bundesländern auf der Wahlliste für die Bundestagswahl 2021 stand. Sie fordert, dass „10 Prozent des Bundeshaushaltes pro Jahr zusätzlich für die Forschung für wirksame Medizin gegen Alterskrankheiten investiert werden" (Partei für Gesundheitsforschung 2021). Denn: Woran sterben Menschen weltweit am häufigsten? Was ist der Grund Nummer 1 für den Tod? Altern. Genauer: mit dem Alter zusammenhängende Krankheiten und das Absterben unserer Zellen. Unterstützt unter anderem durch den Gerontologen Aubrey de Grey, dessen Anti-Aging-Stiftung *SENS* ebenfalls mit Millionenbeträgen von Thiel unterstützt wird, fordert auch die

Partei für Gesundheitsforschung Regierungen dazu auf, in die Forschung gegen die großen Alterskrankheiten Krebs, Parkinson, Alzheimer, Diabetes Typ 2 und Herz-Kreislaufprobleme zu investieren. Nichts weniger als die Mortalität, eine Existenzbedingung des Menschen, wird hier versprochen, technologisch zu lösen. So wird der Mensch selbst und die gesamte Humanität zum Problem der Gegenwart erhöht (vgl. Schnetker 2019).

Mit der einfachen Tatsache des Todes wollen sich also nicht alle abfinden. „Our mission is to conquer the blight of involuntary death", wie die *LongeCity Foundation*, formerly known as *Immortality Institute*, erklärt (LongeCity 2021). Sie ist eine von zahlreichen Forschungseinrichtungen, Think Tanks, Laboren, Start-Ups und Firmen, die sich mit der Verlängerung der Lebensdauer beschäftigen und dem Aufbau einer todlosen Gesellschaft verschrieben haben. Diese transhumanistische Vision der Unsterblichkeit hat auch im Silicon Valley Einzug gehalten. Einige der Big Five der Techgiganten dürfen dabei nicht fehlen, wie Tad Friend für den *New Yorker* berichtet:

> In 2013, Google launched Calico, short for the California Life Company, with a billion dollars in funding. ‚Calico added a tremendous amount of validation to aging research', George Vlasuk, the head of a biotech startup called Navitor, told me. ‚They have money, brainpower, and time'. But Calico has proved to be extremely secretive. All that's known is that it's tracking a thousand mice from birth to death to try to determine ‚biomarkers' of aging – biochemical substances whose levels predict morbidity; that it has a colony of naked mole rats, which live for thirty years and are amazingly ugly; and that it has invested in drugs that may prove helpful with diabetes and Alzheimer's. (The company declined to comment.) (Friend 2017, 11)

Weitere große Namen der Techgiganten finden Erwähnung in Friends Recherche: Ray Kurzweil, Chefingenieur bei Google, nimmt zum Beispiel täglich etwa 100 Pillen zu sich, um der

Unsterblichkeit einen Schritt näher zu kommen. Auch der Venture Capitalist und Gründer von Googles *Calico*, Bill Maris, Amazons Jeff Bezos und Paypals Peter Thiel stecken Milliarden in die Altersforschung. Sie erschrecken Essentialist*innen mit dem Versprechen, die Menschheit abzuschaffen und geben anderen die Hoffnung, die Menschheit vor Schmerzen und Krankheiten zu bewahren.

Techno-Libertarianismus

Der mit dem Sarg-Bus herumreisende Zoltan Istvan veröffentlichte 2013 den Science-Fiction-Roman *The Transhumanist Wager*. In diesem Buch folgen wir dem Helden Jethro Knights auf seiner Mission, den Tod abzuschaffen. Als freelance philosopher bereist Knights die Welt und folgt seiner grundlegendsten moralischen Regel: „A Transhumanist must safeguard one's own existence above all else" (ebd., 1). Nachdem Knights eine Gefolgschaft um sich gesammelt hat, bauen sie eine neue Zivilisation auf: Transhumania, ein schwimmender, libertärer Stadtstaat. Wissenschaft, Menschen und Technologie sind dort so frei (von Gesetzen und Nichtgläubigen), dass eine neue Utopie entsteht: Seasteads. Vielleicht hat Istvan ein bisschen zu viel Inspiration in Ayn Rands Kapitalismusepen *The Fountainhead* und *Atlas Shrugged* gefunden, denn man erkennt in Istvans Roman so auch die konsequente Fortführung der Rand'schen Philosophie (vgl. Murnane 2018). Die Science-Fiction-Autorin und Philosophin des sogenannten Objektivismus der 1960er Jahre, einer Philosophie, die ihren Ursprung im Egoismus, Utilitarismus und Libertarismus findet, hatte in *Atlas Shrugged* bereits ihren Romanhelden, Howard Roark, den Kapitalismus von staatlichen Regulationen befreien lassen. Istvans Transhumania wird am Ende von anderen souveränen Nationen angegriffen – sie haben Angst vor der machtvollen Technologie, die auf der schwimmenden Insel entsteht. Knights und Transhumania überstehen den Angriff ohne viel Aufwand, da ihre Technologie auch militärisch überlegen ist. Allerdings – um auch wirklich die gesamte Welt von

der Überlegenheit des Transhumanismus zu überzeugen – 129
bombardiert Knights daraufhin unter Anderem den Vatikan,
Mekka, London, Versailles, Jerusalem, Brüssel, New York City
und zerstört religiöse Monumente und Regierungsgebäude.
Einen millionenfachen Genozid später wird die hyperlibertäre
Regierungsform von *Transhumania* das Vorbild für die Welt-
regierung und die Annahme der transhumanistischen Philosophie
auch mit Zwang durchgesetzt. Alle wohlfahrtsstaatlichen Maßnahmen werden abgeschafft und alles privatisiert. „[Y]our free-
bies are over", erklärt Knights bei seiner Ansprache an die neue
Weltgemeinschaft (Istvan 2013, 221). Wer nicht mitmacht, wird
zwangsläufig sterben, während die Transhumanisten Unsterblichkeit erlangen. Nach einigen glorreichen Regierungsjahren tritt
Knights zurück, später lässt er seinen physischen Körper, sein
Fleisch, kryonisch aufbewahren und wird schließlich wieder auf-
getaut – natürlich von jeglicher Krankheit und Alterserscheinung
geheilt. So bleibt Knights bis zum Ende seinem Prinzip treu und
stellt seine eigene Existenz über alles andere.

Für den Anarcho-Kapitalisten Patri Fieldmann, übrigens ein Enkel
des berühmten Ökonomen Milton Friedman – wen wundert's
–, endet die Vision der totalen, kybernetischen Zukunft nicht in
einem Cyberutopia der 1990er Jahre, sondern in eben solchen
schwimmenden Stadtstaaten. 2008 gründete er den Think Tank
The Seasteading Institute zur Lobbyarbeit:

> The Seasteading Institute is a nonprofit think-tank promoting
> the creation of floating ocean cities as a revolutionary
> solution to some of the world's most pressing problems:
> rising sea levels, overpopulation, poor governance, and more
> (The Seasteading Institute 2021)

Hier wird eine ganz spezifische Gesellschaft visioniert: die weiß,
technikaffin, geeky, cis-männlich, durch einen sich exponentiell
beschleunigenden Kapitalismus innovativ ist, so technologische
Potentiale freisetzen kann – und keinen Gesetzen gehorchen
muss. Ein CEO regiert den schwimmenden Freistaat wie ein

Monarch, der das Ende der Abhängigkeit des Menschen von seiner fleischlichen Hülle zum Ziel erhoben hat. Außerhalb nationaler Grenzen, wo – finally – das Experimentieren mit Ökologie, Kapital, Technologie und Biologie ohne Restriktionen durch moralisch-ethische Regeln, nationalstaatliche Gesetze und schwerfällige Bürokratie ermöglicht werden kann. Dem dunklen Transhumanismus geht es somit um die Lösung sämtlicher „Zivilisationskrankheiten" der Gegenwart: Den Tod, die repräsentative Demokratie, Überbevölkerung, Feminismus, etc. Dass die pillenpoppenden Programmierer und die Schwärmer von Seasteads zum Teil die gleichen Leute sind und damit die Abschaffung des Todes immer auch mit der Abschaffung des Staates zusammengeht, dürfte nicht überraschen: Der Frühinvestor in Facebook und Paypalgründer Peter Thiel förderte mit einer halben Million US-Dollar das Seasteading Institute, welches in Französisch-Polynesien genau solche Inseln bauen wollte. In dem Beitrag *The Education of a Libertarian* für den Blog des libertären Think Tanks *Cato Unbound* zeigt Thiel abermals, dass man weder geheime Codes noch komplizierte Chiffren entziffern muss, um die politischen Interessen der Tech-Giganten zu erkennen: „I no longer believe, that freedom and democracy are compatible", so Thiel (2009) völlig ungeschönt. Thiel investiert ebenfalls in Start-Ups, die versprechen, das Leben zu verlängern, und zum Beispiel Urbit, einer Firma von Curtis Yarvin (aka Mencius Moldbug), der ja bereits mit der Rede um die Cathedral deutlich gemacht hat, wo er politisch steht, und falls es dort noch nicht deutlich genug geworden ist, sogar als „Philosoph" vom rechts-konservativen Fernsehmoderator Tucker Carlson bei *Tucker Carlson Today* (2021) auf *Fox Nation* interviewt wurde. Selbst das Venture Capital von Großinvestoren wie Peter Thiel, Larry Page, Sergey Brin oder Bill Maris scheint bisher nicht zu reichen, um wirklich Seasteads zu bauen, geschweige denn Transhumania, oder die Unsterblichkeit zu konstruieren. Sie alle sind allerdings Teil dieser ideologischen Strömungen, einflussreiche Figuren und Fürsprecher eines, wie Armistead (2016) ihn nannte, „techno-utopian right-libertarianism in the tech industry".

Das Ende

Den Phantasmen und Emanzipationsversprechungen des Cyberspace der 1990er Jahre folgte schnell eine Phase der Desillusion. Die Technikfaszination des Silicon Valleys, die im Transhumanismus als Techniksolutionismus auftritt, lässt die Kritik an unserem digitalen Alltag unter glänzendem Gehäuse verstummen. Seasteads sind weit davon entfernt, wirklich gebaut zu werden. Sie werden allerdings bereits finanziert. Die Sterblichkeit ist weit davon entfernt, abgeschafft zu werden, es wird aber bereits in sie investiert. Der Neoreaktionismus ist weit davon entfernt, eine allgemeine Ideologie zu werden, er saß aber bereits im Weißen Haus.

Folgen wir diesen gemeinsamen Verbindungen, gemeinsamen Spuren und Memes, erkennen wir die Macht der reaktionären Ideologie des dunklen Transhumanismus. Dieser ist extrem wirkmächtig und durch die Plattformen, Apps und Geräte, die Software und Hardware, die wir ständig nutzen, eingeschrieben in die Technik unseres Alltags. Diese Digitalen Kulturen sind wirkmächtig, sind mittlerweile oft das Zünglein an der Waage demokratischer Wahlen, sind Instrument und Waffe eines angeblichen „Online Culture Wars" (vgl. Nagle 2017), der gerade erst begonnen hat.

In einer Zeit, in der wir Angst um unsere Demokratien haben, Verschwörungstheorien an jeder Ecke und an jedem Essenstisch auf uns warten, sollte dieses Material erschrecken. Es sollte schockieren. Wütend machen! Einige der Leute, die das Internet nutzen, starten Hasskampagnen gegen Frauen (#gamergate), erschießen Schwarze, Migrant*innen, Jüd*innen, Muslime und Progressive, fahren mit Autos in linke Demonstrationen und machen dabei sogar einen Livestream. Manchmal gehen sie sogar wählen. Dieser Hass baut selbstverständlich auf eine lange Geschichte auf, wird nicht erst im Internet geboren und er wirft einen noch längeren Schatten auf mehrere hundert Jahre Patriarchat, Kolonialismus und Kapitalismus. Die Digitalen

Kulturen bieten allerdings einen virulenten Nährboden für diese Gewalt und den Hass. Dieser Text versucht zu zeigen, wie neoreaktionäres Denken, faschistische Ideologie, misogyne Einstellungen und libertäre Weltanschauung nicht zufällig diesen Nährboden im Silicon Valley immer weiter füttern.

Eine Kritik Digitaler Kulturen muss sich hier durchwühlen, das größte Archiv, welches uns zur Verfügung steht, das Internet, durchforsten, die Kommentare, Blogs, Bilder, Videos, Reden, Gespräche betrachten. Die Kritik Digitaler Kulturen verlangt eine Analyse dieses übermächtigen, ubiquitären, wabernden und nicht enden wollenden Wusts aus Threads, Likes und Hyperlinks. Denn er ist da – und weg geht er auch nicht mehr. Dieser Essay plädiert dafür, diese Foren genau zu betrachten, die Sprache und die Ästhetik (vgl. Power 2017; Wentz 2019) unserer digitalen Gegenwart zu analysieren, das Antisoziale des Internets (vgl. Marantz 2019) anzuerkennen. Und ernst zu nehmen. Das Internet ist kein neutraler, rechtsfreier Raum, im Internet artikuliert sich das neoreaktionäre Denken völlig offen. Das Material ist da, es ist online, es wird jeden Tag gepostet, es wird geteilt, geshared, in Memes übersetzt, in die Welt getragen und findet sich so schnell auf Plakaten, auf Demonstrationen, Smartphone-Bildschirmen und Gruppenchats wieder. Und es hat reale Auswirkungen. Sogar tödliche. Was da im Internet passiert, ist schockierender, als die meisten wahrhaben wollen. Was da im Silicon Valley erforscht und gebaut wird, ist düsterer, als die meisten wahrhaben wollen. Was da in unserer Gesellschaft an Hass produziert und reproduziert wird, ist brutal und gewaltvoll – da er nicht „nur" auf Blogs, in Internetforen, Imageboards, Telegramgruppen und auf Facebook geteilt wird. Eine Analyse Digitaler Kulturen kann so als Archiv und Seismograph des neoreaktionären Denkens dienen. Dies ist ein Plädoyer dafür, sich diese Orte des Hasses anzusehen, die Verkünder des Kulturkampfes zu benennen, den fatalistischen Technikdeterminismus der Futuristen zu entlarven und als Wissenschaftler*innen entschieden auf den Rechtsruck unserer Gesellschaften mit kritischen Beiträgen zu antworten.

Literatur

Armistead, Josephine. 2016. „The Silicon Ideology". Zugegriffen am 14. Juli 2021. https://s3.amazonaws.com/arena-attachments/653905/5bf8624d8e10d28c12fa d9647272ccb4.pdf.

Barbrook, Richard und Andy Cameron. 1995. „The Californian Ideology". *Mute*, 1. September. Zugegriffen am 14. Juli 2021. http://www.metamute.org/editorial/ articles/californian-ideology.

Burgis, Ben, Matthew McManus, Conrad Hamilton und Marion Trejo. 2020. *Myth and Mayhem: A Leftist Critique of Jordan Peterson*. Ridgefield: Zero Books.

Friend, Tad. 2017. „Silicon Valleys Quest to Live Forever". *The New Yorker*, 27. März. Zugegriffen am 14. Juli 2021. https://www.newyorker.com/magazine/2017/04/03/ silicon-valleys-quest-to-live-forever.

Gray, Rosie. 2017. „The Anti-Democracy Movement Influencing the Right". *The Atlantic*, 10. Februar. Zugegriffen am 14. Juli 2021. https://www.theatlantic.com/politics/archive/2017/02/ behind-the-internets-dark-anti-democracy-movement/516243/.

Heard, Alex. 1997. „Technology Makes Us Optimistic; They Want to Live". *The New York Times*, 28. September. Zugegriffen am 14. Juli 2021. https://www.nytimes. com/1997/09/28/magazine/technology-makes-us-optimistic-they-want-to-live. html.

Hui, Yuk. 2017. „On the Unhappy Consciousness of Neoreactionaries". *e-flux* 81. Zugegriffen am 14. Juli 2021. https://www.e-flux.com/journal/81/125815/ on-the-unhappy-consciousness-of-neoreactionaries/.

Huxley, Julian. 1968. „Transhumanism". *Journal of Humanistic Psychology* 8 (1): 73–6.

Istvan, Zoltan. 2013. *The Transhumanist Wager*. Futurity Imagine Media.

Ito, Joi. 2018. „The Responsibility of Immortality: Welcome to the New Transhumanism". *Wired*, 4. Juni. Zugegriffen am 14. Juli 2021. https://www.wired.com/story/ the-responsibility-of-immortality/.

Kurzweil, Ray. (1994) 2005. *The Singularity is Near*. London: Penguin.

Land, Nick. 2013. „The Dark Enlightenment, by Nick Land". *The Dark Enlightenment*. Zugegriffen am 14. Juli 2021. http://www.thedarkenlightenment.com/ the-dark-enlightenment-by-nick-land/.

Lemke, Thomas. 2019. „Beyond Life and Death 2019: Investigating Cryopreservation Practices in Contemporary Societies". *Soziologie* 48 (4): 450–66.

LongeCity. 2021. „About". *LongeCity. Advocacy & Research for Unlimited Lifespans*. Zugegriffen am 14. Juli 2021. https://www.longecity.org/forum/page/index2. html/_/feature/about.

Lyons, Matthew N. 2017. „Ctrl-Alt-Delete: The Origins and Ideology of the Alternative Right". Zugegriffen am 14. Juli 2021. https://www.politicalresearch.org/2017/01/20/ ctrl-alt-delete-report-on-the-alternative-right.

Mackay, Robin und Armen Avenessian, Hg. 2014. *Accelerate: The Accelerationist Reader*. Falmouth, UK: Urbanomic Media Ltd.

134 Marantz, Andrew. 2019. *Antisocial: Online Extremists, Techno-Utopians, and the Hijacking of the American Conversation*. New York: VIKING.

Moldbug, Mencius. 2009. „ A Gentle Introduction to Unqualified Reservations. Chapter 1: The Red Pill". *Unqualified Reservations*, 8. Januar. Zugegriffen am 14. Juli 2021. https://www.unqualified-reservations.org/2009/01/gentle-introduction-to-unqualified/.

More, Max und Natasha Vita-More, Hg. 2013. *The Transhumanist Reader*. Oxford: Wiley-Blackwell.

Murnane, Ben. 2018. *Ayn Rand and the Posthuman*. Cham: Springer International Publishing.

Nagle, Angela 2017. *Kill All Normies: The Online Culture Wars from Tumblr and 4chan to the Alt-Right and Trump*. Winchester, UK: Zero Books.

Neiwert, David. 2017. „Birth of the Alt Right". *Political Research Associates*, 22. März. Zugegriffen am 14. Juli 2021. https://politicalresearch.org/2017/03/22/birth-of-the-alt-right.

O'Connell, Mark 2017a. „The Techno-Libertarians Praying for Dystopia". *Intelligencer*, 30. April. Zugegriffen am 14. Juli 2021. https://nymag.com/intelligencer/2017/04/the-techno-libertarians-praying-for-dystopia.html.

O'Connell, Mark. 2017b. *To Be a Machine: Adventures among Cyborgs, Utopians, Hackers, and the Futurists Solving the Modest Problem of Death*. London: Granta.

Partei für Gesundheitsforschung. 2021. Zugegriffen am 14. Juli 2021. https://parteifuergesundheitsforschung.de/.

Pein, Corey. 2018. *Live Work Work Work Die: A Journey into the Savage Heart of Silicon Valley*. Melbourne London: SCRIBE.

Pinto, Ana Teixeira. 2018. „The Psychology of Paranoid Irony". *transmediale/journal* 1. Zugegriffen am 14. Juli 2021. https://archive.transmediale.de/content/the-psychology-of-paranoid-irony.

Power, Nina. 2017. „The Language of the New Brutality". *e-flux* 83. Zugegriffen am 14. Juli 2021. https://www.e-flux.com/journal/83/141286/the-language-of-the-new-brutality/.

Schnetker, Max Franz Johann. 2019. *Transhumanistische Mythologie: Rechte Utopien einer technologischen Erlösung durch künstliche Intelligenz*. Münster: UNRAST.

Strick, Simon. 2021. *Rechte Gefühle: Affekte und Strategien des digitalen Faschismus. X-Texte zu Kultur und Gesellschaft*. Bielefeld: Transcript.

The Seasteading Institute. 2021. Zugegriffen am 14. Juli 2021. https://www.seasteading.org/.

Thiel, Peter. 2009. „The Education of a Libertarian". *Cato Unbound*, 13. April. Zugegriffen am 14. Juli 2021. https://www.cato-unbound.org/2009/04/13/peter-thiel/education-libertarian.

Tucker Carlson Today. 2021. „Curtis Yarvin on Tucker Carlson Today". YouTube-Video, 1:15:35. 8. September 2021. Zugegriffen am 14. Juli 2021. https://www.youtube.com/watch?v=zsGbRNmu4NQ.

Turner, Fred. 2006. *From Counterculture to Cyberculture: Steward Brand, the Whole Earth Network, and the Rose of Digital Utopianism*. Chicago: University of Chicago Press.

Verschuer, Franziska von. 2020. „Freezing Lives, Preserving Humanism: Cryonics and the Promise of Dezoefication". *Distinktion: Journal of Social Theory* 2 (2): 143–61.

Voller, Christian 2012. „Im Zeitalter der Technik? Technikfetisch und Postfaschismus". In *Anonyme Herrschaft: Zur Struktur moderner Machtverhältnisse*, herausgegeben von Ingo Elbe, 249–80. Münster: Westfälisches Dampfboot.

Wentz, Daniela. 2019. „Krieg der Trolle: Digitale Reproduzierbarkeit und ‚Memetic Warfare'". *Navigationen* 19 (2): 135–48. Zugegriffen am 14. Juli, 2021. https://doi.org/10.25969/MEDIAREP/13811.

Autor:innen

Timon Beyes ist Professor für Soziologie der Organisation und der Kultur an der Leuphana Universität Lüneburg (Institut für Soziologie und Kulturorganisation und Centre for Digital Cultures). Er arbeitet und lehrt vorwiegend zu einer kulturtheoretisch verstandenen Organisationsforschung, mit Schwerpunkten zu Medientechniken, Räumen, Ästhetiken und Politiken des Organisierens und Organisiert-Werdens.

Laura Hille studierte Soziologie und Kulturanthropologie an der Universität Hamburg. Sie ist Mitarbeiterin in dem Drittmittel-Projekt *Zukunft machen. Vergangene und gegenwärtige Zukünfte des Silicon Valleys* an der Leuphana Universität Lüneburg und Mitglied des Center for Digital Cultures. In ihrer Dissertation „Biohacking. Technologien einer kybernetischen Biopolitik" untersucht sie gegenwärtige Reformulierungen des Lebens und die Regierung und Regulierung der Körper. Sie ist Teil des Editorial Collectives für *spheres: Journal for Digital Cultures*.

Martina Leeker ist Theater- und Medienwissenschaftlerin. Diverse Gastprofessuren und Lehraufträge, bis 2018 Senior-Researcher am *Centre for Digital Cultures*, Leuphana Universität Lüneburg. Seit Herbst 2021 Lehrvertretung Lehrstuhl Ästhetische Theorie und Praxis, Universität zu Köln. Seit Sommer 2021 Initiierung und Leitungsteam von *The Respectful Nettheatrechannel*, Thinking about Theatre and Digitality (https://therespectfulnet-theatrechannel.de/) sowie von dessen „Digital Stage" auf TikTok (https://www.tiktok.com/@nettheatrechannel). Forschungsschwerpunkte: Digitale Kulturen, Theater und Digitalität, Art and Technology, Kritik, Mimesis, posthumane Bildung sowie Forschung mit performativen Methoden in Speculation-Labs und Wissensperformances. https://martina-leeker.de/, https://projects.digital-cultures.net/e-i/.

Liza Mattutat ist Philosophin und arbeitet als Postdoc im Graduiertenkolleg *Kulturen der Kritik* an der Leuphana Universität

  Lüneburg. Sie interessiert sich besonders für feministische Theorie, kritische Theorie und Rechtsphilosophie. In ihrer Dissertation beschäftigte sie sich mit dem Verhältnis von philosophischer Rechtskritik und feministischer Rechtspolitik. Sie ist im Frühjahr 2022 unter dem Titel *Emanzipation und Gewalt. Feministische Rechtskritik mit Karl Marx, Jacques Derrida und Gilles Deleuze* bei J.B. Metzler erschienen.

Sascha Simons arbeitet für die Deutsche Forschungsgemeinschaft und forscht zu Theorie, Ästhetik und Geschichte digitaler Kulturen. Er interessiert sich dabei insbesondere für das Zusammenspiel medialer und sozialer Formen. In seiner Dissertation „Kritische Medienereignisse" hat er sich mit der politischen Zeugenschaft von Web Videos auseinandergesetzt.

Heiko Stubenrauch ist Philosoph. Seine Forschungsschwerpunkte liegen im den Bereichen der Kritischen Theorie und des Poststrukturalismus. Er ist Postdoc-Mitarbeiter am Institut für Philosophie und Kunstwissenschaft an der Leuphana Universität Lüneburg. Dort war er 2016 bis 2019 war er Mitglied des DFG-Graduiertenkollegs *Kulturen der Kritik.* 2021 wurde er mit einer Arbeit zum Verhältnis von Affekt und Kritik bei Kant, Adorno und Deleuze promoviert. Er studierte Philosophie, Soziologie, Kunstgeschichte, Kulturwissenschaften und Wirtschaftswissenschaften in Hamburg, Lüneburg und Frankfurt am Main. Aktuelle Publikationen: „Landnahme analog und digital: Ursprüngliche Akkumulation in den Kontrollgesellschaften." In: *Futures of Critique. Theorising Governmentality and Power in the Digital Age* (mit Roberto Nigro), hg. von Janosik Herder, Felix Maschewski, Anna-Verena Nosthoff. *Behemoth* 14 (2): 61–74, 2021; *What's Legit?: Critiques of Law and Strategies of Rights,* hg. mit Roberto Nigro, Liza Mattutat und Nadine Schiel. Diaphanes 2020.

Lotte Warnsholdt ist Kulturwissenschaftlerin und forscht zu Fragen der Temporalität und Kritik in digitalen Kulturen. Studium der Europäischen Ethnologie mit Schwerpunkt Minority Studies an der Universität Kopenhagen, sowie Studium der Philosophie,

Rechtswisssenschaft und Kulturwissenschaften an der Universität Hamburg und der Leuphana Universität Lüneburg. Sie ist Alumna des DFG-Graduiertenkollegs Kulturen der Kritik (Leuphana), war Junior Fellow am IFK Wien und ist Teil des Data Politics Lab. Aktuelle Publikationen sind u.a. *Critique and the Digital*, Hg. Erich Hörl, Nelly Y Pinkrah, Lotte Warnsholdt. Diaphanes 2021; „‚Wie ist Geschichte a priori möglich?' Algorithmische Vorhersage und die Aufgabe von Kritik." In: *Futures of Critique. Theorising Governmentality and Power in the Digital Age*, hg. von Janosik Herder, Felix Maschewski, Anna-Verena Nosthoff. *Behemoth* 14 (2): 6–18, 2021.

Daniela Wentz ist Kultur- und Medienwissenschaftlerin. Sie forscht an der Ruhr-Universität Bochum vor allem zur Geschichte, Theorie und Ästhetik von Affekttechnologien, zu Medien und Autismus und (digitalen) Bildpraktiken und -ästhetiken. Letzte Veröffentlichungen u. a.: „Nudged to Normal. Images, Behaviour and the Autism Surveillance Complex." *Digital Cultures and Society* 7 (2): 265–86, 2019; „Krieg der Trolle. Digitale Reproduzierbarkeit und Memetic Warfare" *Navigationen. Zeitschrift für Medien- und Kulturwissenschaften* 19 (2): 135–148, 2019.

Carolin Wiedemann ist Journalistin und Soziologin. Sie schreibt u.a. für die Frankfurter Allgemeine Zeitung, Der Spiegel und Analyse & Kritik über Geschlechterverhältnisse, Migrationspolitik und digitalen Kapitalismus. Sie ist Teil der Redaktion von *spheres: Journal for Digital Cultures* und hat in ihrer Dissertation *Kritische Kollektivität im Netz* (transcript) zu Widerstandsformen in der Kontrollgesellschaft geforscht. Ihr neues Buch *Zart und frei. Vom Sturz des Patriarchats* erschien im Januar 2021 (Matthes & Seitz).

www.ingramcontent.com/pod-product-compliance
Lightning Source LLC
La Vergne TN
LVHW091439190726
843491LV00007B/1792